Jokin Bergara

Ola de lodo

txalaparta

EDICIÓN ORIGINAL
Adaxka lehorrak, Txalaparta, 2023
PRIMERA EDICIÓN EN CASTELLANO
Noviembre de 2025

EDITORIAL TXALAPARTA S.L.L.
Calle Mayor, 61-63
31001 Iruñea NAFARROA
Tfno. 948 703 934
info@txalaparta.eus
www.txalaparta.eus

ISBN
978-84-10246-73-7

DL NA 2219-2025

DISEÑO DE CUBIERTA
Mikel Tristan

EDICIÓN
Ane Eslava

MAQUETACIÓN
Amagoia Arrastio Ágreda

IMPRESIÓN
Ulzama Digital
Polígono Areta, Altzutzate 53
48610 Uharte NAFARROA

txalaparta

Índice

Introducción

> Según él, los actuales real visceralistas caminaban hacia atrás. ¿Cómo hacia atrás?, pregunté.
> —De espaldas, mirando un punto pero alejándonos de él, en línea recta hacia lo desconocido.
> Dije que me parecía perfecto caminar de esa manera, aunque en realidad no entendí nada. Bien pensado, es la peor forma de caminar.
>
> ROBERTO BOLAÑO

SON LOS ÚLTIMOS DÍAS DE LAS VACACIONES con tus amigos. Sopla una cálida brisa marina, y tú, en el balcón, te enciendes el cigarro de después de cenar en un intento por alejarte un poco de la acalorada discusión en la que están sumidos tus amigos alrededor de la mesa. Dicen que ha hecho mucho calor este verano, demasiado. Estás harto de oír siempre la misma historia, que el mundo está perdido, saltando de crisis en crisis. «Siempre ha estado todo perdido –dices, saboreando la calada–: el euskera, el socialismo, cualquier otra cosa que le dé sentido a la existencia colectiva». La del clima es la última versión de la gran hecatombe, comenta un amigo tuyo mientras llena un vaso con el mezcal Los Suicidas que le trajiste de México. La conversación se alarga hasta la madrugada entre la revolución, la poesía, el fin del capitalismo o, tal vez, el fin poético del mundo. Dejáis la botella vacía en la mesa y os acostáis con el amanecer. Al despertar, tienes un mensaje y dos llamadas de tu madre en el móvil: «Hola, cariño: ¿te has enterado?».

Ya sea en forma de asteroide, ira divina, explosión de bomba nuclear o castigo del sol, son muchas las formas en que el ser humano ha imaginado su propia desaparición a lo largo de la historia. Que nuestra especie ponga en duda su permanencia sobre la faz de la tierra no es nada nuevo: es un esquema narrativo que podemos encontrar en docenas de relatos a lo largo y ancho de nuestra mitología. La crisis socioecológica, sin embargo, dota de solidez científica el hecho de que el camino por el que van las sociedades modernas lleva a una colisión frontal con la pared biofísica, y a tal velocidad que ya empezamos a ver algunas de sus consecuencias. Hay quienes lo viven como una crisis existencial; otros plantean que se ha abierto una puerta hacia la lucha política transformadora, y no faltan quienes advierten del regreso del fantasma del fascismo, fortalecido gracias a un humus sociológico dañado.

La reproducción de la civilización se tambalea, al menos, tal y como la entendemos hoy. La pregunta es sencilla: ¿cómo alimentaremos a los 10 000 millones de habitantes que albergará el planeta Tierra en 2050? ¿Cómo garantizaremos a todos una vida digna? La respuesta para el futuro se está volviendo materialmente imposible, teniendo en cuenta las alrededor de 0,15 hectáreas de tierra útil por persona con que contaremos y las consecuencias climáticas cada vez más devastadoras que sufriremos. Podría pensarse en una ola de lodo que se agiganta año tras año, llevándose consigo pueblos, ríos, bosques, personas y, en definitiva, la vida. Sin embargo, el lodo también aporta nutrientes y materia orgánica a un suelo erosionado que más adelante podrá florecer. Este libro, más allá de ofrecer un análisis político y social de la crisis ecológica, quiere abrirle las puertas a esa variedad de esperanza que solo puede prosperar en tierras colectivas. En él se intercalan reflexiones sociológicas, políticas y personales, siempre buscando arrojar luz sobre un proceso tan complejo como es la comprensión de este mundo confuso y en constante cambio.

En las próximas páginas encontraremos tres secciones principales: en la primera hemos querido ubicar el marco de la crisis ecosocial, prestando especial atención a las principales dinámicas sociales que la han creado y tomando tierra en Euskal Herria. En la segunda parte, nos hemos centrado en la inviabilidad de algunas de las fórmulas, tanto liberales como de izquierdas, que se han propuesto para hacer frente a la crisis ecológica, sosteniendo que todas ellas son visiones limitadas para responder a las dimensiones del desafío ecológico. Por último, hemos tratado de imaginar posibles soluciones, con la intención de fijar algunos asideros ecosociales sólidos en las iniciativas que podemos poner en marcha en Euskal Herria, así como el rumbo que podemos tomar.

En la encrucijada ecosocial

¿Tiempo de contrabandistas?

> Para el tendero humilde, el robo siempre ha sido la acción más despreciable que existe, pero en los negocios a partir de cierta escala, y sobre todo si hay guerra de por medio, nunca ha existido mucha diferencia objetiva o subjetiva entre lucro y robo. Las empresas, en la economía actual, neoliberal y globalizada, no funcionan como un pequeño comerciante, ni con las formas de un ratero de tres al cuarto, sino según los criterios de las grandes bandas de ladrones.
>
> JOSEBA SARRIONANDIA

Empecemos por un diagnóstico científico bien conocido: nuestras sociedades basadas en el crecimiento chocan con los límites biofísicos del planeta. En 1971, la huella ecológica alcanzó por primera vez la media de 2,72 hectáreas globales por persona a nivel mundial; la biocapacidad de absorberla, por su parte, era de 2,71. Aquel año, las altas demandas del ser humano superaron por primera vez la capacidad de la Tierra de satisfacerlas de un modo renovable. Desde entonces la cifra no ha hecho más que aumentar: vivimos en la era del desbordamiento ecológico. Al igual que ocurre con un cuerpo que padece una larga enfermedad, la sintomatología puede manifestarse de distintas maneras, pero entre las más destacables podríamos citar el cambio climático, el pico de producción de petróleo y otras fuentes fósiles, la escasez de minerales, la pérdida masiva de biodiversidad y la evidente erosión de los servicios ecosistémicos. Todos estos procesos tienen un efecto exponencial, y es difícil concretar cuál de ellos será el que más limite el insostenible modo de vida actual. Como un volcán activo, podría estallar por cualquier lado, en cualquier momento, en una erupción única e irrepetible. Pero no son fenómenos aislados: el problema es sistémico. Todo responde a la degradación del régimen sociometabólico moderno.

Al revolucionar los modos históricos en que el ser humano ha entendido el medio ambiente e interactuado con él, la civilización industrial, por cuyas venas corre la idea del crecimiento ilimitado, ha trastocado profundamente en apenas dos siglos el rumbo de la historia. Con la expansión y el crecimiento como características principales, hemos llegado al punto de poner en peligro tanto al ser humano como los fundamentos ecosistémicos y biológicos que sostienen su vida, y no parece que hayamos entendido a nivel colectivo la escala del desafío que esto supone. La película satírica *No mires arriba* (2021) podría ser un buen reflejo del absurdo de nuestro tiempo. En ella, Meryl Streep interpreta de forma magistral a una presidenta estadounidense mediocre que prefiere permitir que un asteroide impacte contra la tierra para explotar los minerales valiosos que contiene a destruirlo con una bomba atómica, argumentando que eso creará empleo y riqueza. A esto se le suma la protección mediática con la que cuenta: las principales cadenas de televisión deciden tratar el tema de forma frívola y superficial. Como le dice el presentador estrella hasta arriba de cocaína a un perplejo científico, encarnado por Leonardo DiCaprio: «¡La gente quiere entretenimiento, no temas serios y aburridos!». He ahí la provocación de la película: las sociedades crecentistas posmodernas prefieren mantener tasas altas de audiencia a base de programas basura antes que informar de algo tan aburrido como el fin del mundo. Con la crisis ecológica nos pasa algo parecido: sabemos que está ahí, que cada vez va a peor, pero seguimos viviendo nuestro día a día como si no existiera; no activamos esa «bomba atómica» que podría acabar con la sociedad del crecimiento. ¿Por qué? George Bush dio una pista muy reveladora: el estilo de vida americano no está abierto a negociación.

Con todo, el hecho de pensar que podemos controlar tanto la trayectoria de un asteroide como la crisis ecológica gracias a unas altas capacidades tecnológicas tiene sus motivos históricos. De entre todos los dualismos inherentes a la modernidad, el más destacable es el que se estableció entre la naturaleza y la sociedad, basado en la creencia de que tanto la sociedad como las relaciones sociales se desarrollaban ajenas al sistema natural y con absoluta autonomía de este. Los referentes de la ecología social han denominado este proceso *ficción antropocéntrica*. La percepción de *infinitud* de la Tierra facilitada por los combustibles fósiles, el desarrollo técnico-científico y la colonización hicieron creer al ser humano occidental que podía hacer realidad sus sueños divinos en la Tierra, sueños en los que la naturaleza sería un recurso que dominar y poner al servicio de los deseos humanos. Es más: en plena embriaguez energética, las sociedades modernas han olvidado las formas de vida desarrolladas por la especie humana a lo largo de cientos de miles de años y, con ellas, los saberes, lenguas y sistemas de referencia completos que iban ligados a las mismas[1].

Siempre hemos visto llenos los bidones de las gasolineras de nuestros pueblos. Con un simple movimiento, un simpático trabajador nos llena el coche de combustible como quien saca agua de una fuente. Tenemos completamente interiorizada la presencia central de las carreteras, los coches, los camiones y las gasolineras en nuestros paisajes. Sin embargo, con echar la vista atrás apenas un par de siglos, nos daremos cuenta de que el mundo que hemos

---

1. Ejemplo de esto podría ser el caso del euskera, una lengua que no ha tenido cabida en los procesos de concentración del poder iniciados por la modernidad, al considerarse una realidad lingüístico-cultural capaz de deformar los relatos español y francés modernos y, por lo tanto, eliminable. Como ha expuesto Ibai Atutxa, a partir del siglo XVI se construyó la imagen del vasco como un ser irracional y violento, un hablante salvaje contrario al proceso de civilización (Atutxa, 2024). También Joseba Gabilondo ha mencionado la feminización del euskera llevada a cabo históricamente por las clases hegemónicas a base de su subalternización (Gabilondo, 2013). Podemos entender el proceso de modernización como un ejercicio político por el cual se han arrojado al vertedero las categorías sociales que no se adecuaban a una modernidad blanca, patriarcal e imperial; como un borrado de toda la diferencia; como una cruzada en contra de la heterogeneidad. También ahora, en la era de la crisis ecosocial, hemos de entender este ataque a la biodiversidad como enmarcado dentro de esa demoledora tendencia histórica.

conocido, más que la norma, es una excepción histórica. Veremos que una sociedad que tiene mercados y una sociedad de mercado son dos cosas muy distintas, como describió de forma magistral el antropólogo Karl Polanyi[2]. Veremos que en este planeta somos más habitantes que nunca, y las limitaciones que ello conlleva: hemos saltado de tener un *planeta semivacío* por descubrir, lleno de misterios, a un *planeta lleno*. Las formas sociales y económicas posibilitadas por el potente impulso de los combustibles fósiles están en peligro, entre otros motivos, precisamente porque, en términos históricos, los combustibles fósiles son un cartucho de un solo uso. Dicho de otro modo: vamos a

---

2. El brillante científico social Karl Polanyi hizo una excelente contribución a la comprensión del papel central del mercado en la sociedad moderna. En su libro *La gran transformación*, además de demostrar el carácter marginal de las prácticas mercantiles en las sociedades tradicionales, también expuso como la desvinculación de la economía del ámbito político, y su presentación como completamente autónoma de este, fue un fenómeno moderno en su totalidad, iniciado en Inglaterra en el siglo XIX (Polanyi, 1989). La economía social y la economía con forma de mercado son dos cosas distintas, y el capitalismo puso en marcha una operación política para equipararlas. Las implicaciones de esa división son evidentes en la crisis ecosocial, en la cual la esfera social y la ecológica se ponen al servicio de la esfera económica, y no al revés. Como veremos, enfrentarse al desafío ecológico implica en gran medida disciplinar la economía de mercado al servicio de la política.

dilapidar la energía solar acumulada en forma de petróleo durante cientos de miles de años en apenas dos siglos.

He ahí el meollo político del conflicto ecosocial: unas sociedades libres de bases energéticas fósiles deberán pasar obligatoriamente por un proceso de reducción de la complejidad social. Según esta perspectiva, nos dirigiríamos hacia sociedades de estructuras sociopolíticas más simples, con una menor división del trabajo, menos especializadas. Nos aterra el monstruo de un rápido hundimiento provocado por la incapacidad de mantener la fuente de energía necesaria para que nuestras sociedades tecnológicamente desarrolladas y ultraespecializadas sigan adelante. Lo cierto es que, tal y como han observado los historiadores de las civilizaciones, toda civilización paga el precio de su época más gloriosa, la mayoría de las veces mediante conflictivos procesos de desintegración. Al igual que cayeron el Imperio romano, la Unión Soviética o el III. Reich –ese orden que pretendía durar mil años–, también la hegemonía de EE. UU. y Occidente podría venirse abajo, y ese derrumbe se llevará por delante la insostenible forma de vida que ha ido ligada a ellos.

Al igual que hemos conocido procesos de civilización pausados y crecientes centrados en el desarrollo, también puede existir un momento en el que se inicie un proceso de declive, uno que podemos definir como *descivilización*. Del mismo modo que el proceso de civilización se ha entendido como el desarrollo de acuerdos, conductas respetuosas e interdependencia, los procesos de descivilización, por el contrario, se caracterizarían por el aumento de la desconfianza entre grupos sociales, unos niveles más altos de violencia y la ruptura de los acuerdos básicos de convivencia. Así, esta civilización industrial que empieza a chocar con los límites se encontraría en el umbral de ese declive. Será el juego entre las fuerzas sociales y políticas que se configuren en la actualidad el que decidirá qué camino tomará la historia.

Dice la canción de Berri Txarrak: «Mira, cuenta, suma un coche más rápido que el de al lado / mira, cuenta, suma un modelo más nuevo que el de al lado». En una crítica directa a la creencia de que si algo es nuevo es mejor, la letra de *Libre* identificaba claramente la lógica profunda de nuestra sociedad, la idea de que nos encontramos en un progreso lineal de mejora continua. Entendiendo la historia de esta manera, hemos llegado a creernos inmersos en una evolución constante hacia niveles más altos de sofisticación, convencidos de que el camino que recorre la sociedad es accidentado, pero siempre progresivo hacia organismos más complejos. Hemos visto el desarrollo como un fin en sí mismo, sin tener en cuenta que no tiene sentido adentrarnos a ciegas en un declive imparable si los costes de ese desarrollo superan a los beneficios. Por poner un ejemplo: para las clases populares de la Euskal Herria de los 60, el desarrollo significaba agua caliente, electricidad, más alimentos, casas salubres y bien construidas, acceso a sanidad o un aumento notorio de las opciones de transporte. La cuestión radica en saber determinar en qué momento ese rumbo empieza a suponer un problema una vez se han establecido unas condiciones materiales aceptables, puesto que la historia es caprichosa, y no permite revertir así como así unas profundas tendencias estructurales cuando ya están en marcha. Quizá nos corresponda darle otra vuelta a la mirada lineal del desarrollo de las sociedades e imaginar la historia como un proceso lleno de vaivenes y encrucijadas, un proceso inconcluso, precario y siempre contingente.

Es más; a esto deberíamos añadirle el hecho de que la ficción antropocéntrica característica de la modernidad ha tenido una profunda influencia a la hora de construir explicaciones histórico-sociales y percibirnos a nosotros mismos. Hemos entendido todo lo que sucede en la naturaleza como algo ajeno a nosotros, como si fuéramos dos viejos desconocidos recorriendo caminos que no se tocan. Sin embargo, la crisis ecológica somos nosotros, ocurre entre nosotros, pues somos inevitablemente una parte integrante y dependiente de esa compleja red vital. Lo ocurrido con la pandemia del covid-19 es un ejemplo muy elocuente. Ese pequeño virus que lo puso todo patas arriba no es un elemento llegado del exterior, sino algo que se reproduce y propaga entre nosotros. En cierto modo, el covid somos nosotros. Es imprescindible comprender que somos parte de esa compleja red vital que se extiende más allá del ser humano y cuya evolución dictará nuestro futuro.

Lo mismo ocurre a la hora de realizar análisis sociológicos y políticos: las ciencias sociales han explicado los fenómenos de la sociedad mediante lógicas propias y autónomas, desligadas de los sistemas naturales. La crisis ecosocial ha dado un vuelco a esta estructura conceptual al enfrentarnos de lleno con el hecho de que los sistemas social y natural están profundamente entretejidos: no podemos entender el desarrollo de una civilización fuera de sus condiciones materiales. En los análisis que llevemos a cabo hoy en día, es imprescindible un enfoque que se centre en los fundamentos físico-biológicos que sustentan la vida, pues es imposible actuar fuera de sus límites. La cuestión no es hacer un análisis de la naturaleza, sino entender las sociedades como ubicadas *dentro* de esos sistemas naturales, determinadas por sus límites. En resumidas cuentas: debemos aceptar que nuestra existencia es *ecodependiente*[3].

Pionero en este ejercicio de confluencia entre procesos históricos y ecológicos es el trabajo del sociólogo californiano Mike Davis (Davis, 2001). En lo que podría llamarse un análisis de la ecología política del hambre, Davis examinó el modo en que el imperio británico destruyó las economías de subsistencia de los pueblos y comunidades de India y China mediante la desposesión de la tierra. Fue así como sumieron el continente entero en el mercado internacional de la producción capitalista, sa-

---

3. Esta idea no parece nueva en Euskal Herria, pues es algo que la propia cultura popular ha tenido claro a lo largo de los siglos. Por ejemplo, cabe mencionar la relación que los pueblos costeros vascos han tenido con la pesca y el mar. Tanto en las canciones populares como en los bertsos es patente el vínculo de dichos pueblos con el mar, su admiración y su dependencia de él.

cando provecho de la fuerza de trabajo de miles y miles de agricultores desposeídos. Las sequías, inundaciones y epidemias de aquellos años ocasionaron millones de muertos en unas comunidades ya despojadas del acceso a las formas originales de economía que habían sido su sostén vital. La conclusión de Davis partiría así de entrelazar los sistemas naturales con los procesos sociales: si bien se habían dado sequías en los siglos anteriores, no se habían cobrado ni mucho menos tantos millones de víctimas. La clave fue el establecimiento del sistema colonial de explotación. Fue la combinación de esos dos factores –la sequía y el modelo colonial capitalista de producción– lo que causó hambrunas catastróficas y ocasionó una cifra de muertes comparable a la de la Segunda Guerra Mundial.

Como diría Antonio Gramsci, estamos sumidos en un interregno tormentoso: el viejo capitalismo basado en los fósiles está muriendo y las nuevas sociedades ecológicas no acaban de nacer. Pese a saber que de este paréntesis histórico pueden nacer monstruos, a la izquierda ecologista del presente le corresponde desempeñar el papel de contrabandista. En una época extraña, en la que parece tener todas las fuerzas estructurales en su contra, su cometido es buscar senderos, conducir al pueblo hacia posiciones más seguras y habitables. Como los hábiles pasadores que cruzaban las fronteras entre Ipar y Hego Euskal Herria como ardillas por el bosque, nos corresponde la tarea histórica de valernos de cualquier ventaja que nos encontremos por el camino y llevarnos a las mayorías sociales al otro lado de la frontera, reuniendo las fuerzas necesarias para enfrentarnos a la amenaza ecosocial.

El Antropoceno, a golpes

El Antropoceno es uno de los conceptos que más calado han tenido en el diagnóstico de la crisis ecológica. Fue el premio Nobel Paul J. Crutzen quien definió el término por primera vez en un artículo de 2022 publicado en la revista *Nature*, donde especificaba que este habría puesto fin a la época del Holoceno a finales del siglo XVIII a consecuencia de las fuerzas *antropogénicas*. Desde entonces, el Antropoceno ha servido como concepto científico y político para nombrar la actual edad geológica del planeta. En esencia, establece el impacto de los seres humanos como rasgo característico de esta nueva edad geológica, consagrándonos como *fuerza geológica* por primera vez en la historia de la Tierra. El *Homo sapiens* se ha reproducido tanto, ha alcanzado un desarrollo técnico de tal nivel y ha destruido los ecosistemas hasta tal punto que se ha convertido en un factor capaz de poner el mismísimo equilibrio de la Tierra al borde del precipicio.

A primera vista, es una idea potente: coloca al ser humano a la par que el resto de las grandes fuerzas de la naturaleza y, en consecuencia, evidencia su responsabilidad en la crisis ecológica. El término goza de gran popularidad en la literatura académica y los congresos internacionales del momento, y se ha vuelto imprescindible para todo aquel que pretenda hablar de la crisis ecológica. No obstante, también ha sido objeto de duras críticas, especialmente en el ámbito del debate político, puesto que, si bien responde a las necesidades taxonómicas de los científicos, el nivel de aceptación y evolución con el que cuenta en el terreno político es otra historia. Según la obra de Crutzen, el Antropoceno se caracterizaría por el crecimiento demográfico y el uso creciente de materias y energías, y se habría iniciado con el advenimiento de la Revolución Industrial. Sin embargo, esto no va acompañado de un análisis de las formas sociales y económicas, ni entiende la vida social como un ámbito siempre conflictivo atravesado por las relaciones de poder. Así pues, según esa lectura, la Revolución Industrial podría interpretarse como un proceso iniciado por la sociedad *de forma generalizada y coordinada,* desligado de ciertas formas de configuración y estratificación de la sociedad.

Desde las teorías críticas subrayan el carácter ahistórico y la función despolitizadora del concepto, debido, por un lado, a que no distingue entre grupos sociales, como si la responsabilidad histórica de las emisiones de gases de efecto invernadero o de la destrucción de la biodiversidad estuviera repartida de igual manera entre el norte global rico y los países del sur. Por otro, el hecho de que las principales instituciones del poder político y económico hayan recibido el término de buen grado promueve una narrativa concreta por la cual la responsabilidad de la crisis ecológica se achaca al individuo y a la especie humana en general. Todos recordamos el lema de la crisis de 2008: «Habéis vivido por encima de vuestras posibilidades». En el caso del Antropoceno, la operación retórica sería exactamente la misma. El concepto es utilizado sobre todo por una perspectiva *green* que evita formular críticas estructurales en su análisis, justamente el punto de vista que encontramos en la constelación de organismos internacionales. Según dicha perspectiva, la crisis ecológica es el coste que supone el desarrollo del bienestar, el precio que todos debemos pagar por el progreso humano, pero el propio sistema cuenta con herramientas y recursos para pagar ese precio de forma razonable. Es decir, nos han hecho creer que, si la actividad humana es responsable del calentamiento global, solo hará falta modificarla un poco para resolver el problema de la crisis ecosocial.

En otras palabras: se está utilizando esta narrativa para interpelar a las pequeñas responsabilidades individuales e impedir que pensemos en la acción colectiva. Por ejemplo, dejar de comprar agua en botellas de plástico en favor de la del grifo, reciclar más en casa o utilizar más el transporte público. Que sea el consumidor quien resuelva la crisis ecológica con sus decisiones individuales. Es innegable que la actitud individual es un factor importante para la transición ecológica, pero no es el único. He ahí el peligro que entraña el uso político del Antropoceno: responsabiliza de la crisis ecológica a todos los grupos sociales y todos los ciudadanos por igual, sin distinguir, por ejemplo, entre quienes han decidido construir el TAV y el joven que ha decidido dedicarse a la agricultura agroecológica.

La explosión de la modernidad en el lodo de Zaldibar

Velocidad, crecimiento, vigor y potencia. Podríamos resumir en esas cuatro palabras las ideas que han atravesado la Edad Moderna desde su nacimiento, cuatro ideas cardinales por las que el ser humano se ha guiado para implantar sus sueños endiosados en la Tierra. Podemos entender la modernidad como el artefacto histórico que ha servido para dominarlo todo –las fuerzas de la naturaleza, los animales, los mares, las cumbres más altas, la luna, el cielo, los cuerpos y las identidades oprimidas, las mujeres, los niños...–, echando a las calderas del crecimiento, sin hacer preguntas, todo aquello que sirviera de combustible para este transatlántico que avanza a toda máquina.

Fue quizás el propio Karl Marx quien mejor identificó, examinó y describió los primeros indicios de ese proceso en su brillante capítulo literario y científico titulado «La acumulación originaria». Sin embargo, en la sociedad europea del siglo XIX que fue objeto de estudio de Marx, no figura el problema del choque biofísico como tal, dado que el foco principal del análisis es el conflicto redistributivo entre trabajo y capital. Afortunadamente, las reflexiones críticas con el capitalismo han ido avanzando, y la aportación de Marx se ha ido completando, mejorando y afinando, lo que ha puesto a nuestra disposición potentes herramientas conceptuales para comprender la crisis ecosocial. El ecólogo social Jason Moore ha aportado a la conversación la idea de la *naturaleza social abstracta*, según la cual, para comprender la crisis ecológica actual, debemos pensar más allá de las formas de explotación que se materializan entre capital y trabajo. Es más: para el capitalismo, lo más rentable es apropiarse de los trabajos no remunerados y de las funciones ecosistémicas. Ahí es donde está el verdadero negocio: en los bosques sin explotar, en las reservas de petróleo y gas que se acumulan bajo tierra y, cómo no, en los trabajos reproductivos no remunerados, como la teoría feminista ha expuesto de forma tan elocuente. Expresado en términos marxistas, la rentabilidad siempre ha venido de la explotación de un afuera no capitalista, o, como señalaba el geógrafo David Harvey, de la «acumulación por desposesión».

Las cadenas globales de valor se crean sobre esos tres pilares; la sociedad que se organiza en la lógica del rendimiento necesita la contribución inagotable de esas tres fuentes de valor. Así pues, si seguimos el planteamiento de Moore, el capitalismo no sería solo un contrato social según el cual organizar la producción y el consumo, sino un *régimen ecológico*. Esto es, las sociedades que asumen modos capitalistas de producción desarrollan un modo concreto de organización y uso de la naturaleza. Quizá una de las imágenes contemporáneas más distintivas del *régimen ecológico vasco* sean los montes talados y las plantaciones masivas de eucalipto, fruto del imperativo del rendimiento y de una comprensión del monte como una gran fábrica a nuestro servicio. Podríamos mencionar también la agricultura intensiva del sur de Nafarroa y Araba, las tierras destinadas únicamente a la labranza, así como los altos niveles de explotación de quienes las trabajan.

Con todo, no podemos achacar esta lógica social destructiva únicamente a las sociedades y economías modernas que se han organizado según modelos capitalistas. También debemos dirigir la vista a los propios fundamentos de la ideología de izquierdas. Podemos mencionar, por ejemplo, la conocida reflexión de Friedrich Engels: «La capacidad de producción de que dispone la humanidad es ilimitada. La inversión de capital, trabajo y ciencia puede potenciar hasta el infinito la capacidad de rendimiento de la Tierra» (Engels, 1843 : 26). El marxismo mecanicista más simple creyó que algún día el comunismo llegaría gracias al desarrollo de las fuerzas productivas. Dando un breve salto al siglo XX, también en la Unión Soviética podemos encontrar preocupantes testimonios históricos de prácticas devastadoras: los costes sociales y naturales que acarreó la rápida industrialización de Rusia son comparables a los de Occidente en muchas de sus expresiones. Así pues, las causas más profundas de la crisis socioecológica no se deben puramente a la cuestión de la propiedad pública o privada de los medios de producción (sin negar la importancia que esto tiene), sino al modo en que está cincelada la civilización industrial moderna.

Aun así, la explosión de la modernidad no solo ha ocurrido en el ámbito material-biológico; también ha afectado profundamente a la psicología humana. Cuando salimos a tomar algo los viernes por la noche, nunca falta el amigo que habla de lo harto que está de su jefe, o la que, con ojeras de cansancio, fantasea con mandarlo todo a paseo y empezar una nueva vida en una soleada isla del Caribe. Nuestro modo de vida acelerado genera malestar en cantidades industriales. Decía Theodor W. Adorno que la obligatoriedad de desempeñar un papel productivo y útil es una fuente de sufrimiento para el individuo que vive en la sociedad capitalista. Esa dictadura de la utilidad, según Adorno, conllevaba la renuncia del individuo a su particularidad, a su autonomía creadora, a su trayectoria biográfica única e irrepetible. Dicho de otra manera, en la sociedad moderna se ofrecen ciertos trajes, concretos y bien definidos, en nombre de la utilidad, trajes que a muchos individuos no les sientan bien. Ya sea porque nos quedan demasiado grandes o demasiado estrechos, se convierten irremediablemente en una fuente de agobio para la gran mayoría. Las relaciones laborales nos alienan, los quehaceres cotidianos de la vida asalariada nos agobian. No todos hemos nacido para arrastrarnos tras las mieles del éxito y la gloria profesional –de hecho, lo más seguro es que nadie haya nacido para ello–, y, aun así, una poderosa fuerza social que no identificamos del todo nos obliga a poner el despertador y ser productivos en las mejores horas del día. Hemos aceptado este modo de vida como natural e intrínseco, pues todos los sistemas sociales producen un molde subjetivo que les es de utilidad, tanto mental como físicamente, aunque vaya en contra de la propia antropología humana. Ahí se origina la idea de Adorno de que los sistemas sociales modernos generan *vidas dañadas*. La configuración capitalista de la sociedad, en su fusión totalizadora, reproduce mucho sufrimiento evitable. A esas vidas dañadas deberíamos añadirles hoy un *planeta dañado.*

Así pues, en esta coyuntura histórica particular en la que nos hallamos pisando a fondo el acelerador, no solo es que se haya declarado una guerra estéril contra un planeta de límites finitos, sino que son muchas las personas incapaces de seguir el ritmo. La responsabilidad de garantizar rentabilidad y buenos resultados erosiona la estabilidad ecológica del planeta y nos erosiona a nosotros en lo psicológico-subjetivo. Si la vida social actual va tan rápido es porque se ha convertido en un tren de alta velocidad que deja atrás a la inmensa mayoría. El problema es que, al igual que ocurre con un avión que acaba de despegar, nuestras sociedades tienen que mantener esa velocidad para permanecer estables. Temerosos de las dificultades que acarrearía frenar en seco, preferimos seguir huyendo hacia delante por un camino en penumbra que no sabemos bien adónde lleva.

Quizás el derrumbe del vertedero de Zaldibar el 6 de febrero de 2020 sea el mejor símbolo de la explosión de la modernidad vasca, de la falta de sostenibilidad del modelo civilizatorio que hemos establecido en Euskal Herria y, también, de la idiosincrasia del *régimen ecológico* vasco. El régimen metabólico-social[4] establecido desde la caída del muro de Berlín no solo ha impulsado su energía y sus beneficios en una dirección concreta (la de las clases dirigentes del norte rico, en forma de dólares)[5]; también ha incorporado sus residuos a la corriente de los mecanismos globales. Además de Zaldibar,

---

4. Cuando hablamos del concepto de metabolismo social, debemos precisar que se llegó a este análisis de la sociedad como analogía del sentido que se le da en biología. En la configuración biológica del individuo, el organismo necesita agua, oxígeno y otras sustancias para sobrevivir, que obtiene de la constante interacción con su entorno. A su vez, el organismo también expulsa CO_2 y distintas materias orgánicas. Lo que propone el concepto de *metabolismo social* es aplicar ese mecanismo a los sistemas sociales y determinar así las relaciones que las sociedades forman con su entorno, contando con los flujos de energía y de materia que consumen los organismos sociales. De ese modo se tiene en cuenta la cantidad de materia y energía que necesita ingerir una sociedad para mantener su sistema sociometabólico, así como lo que expulsa en forma de residuos.

5. El dominio militar y político de EE. UU. logró convertir el dólar en la reserva monetaria mundial en el proceso político denominado Consenso de Washington. Los países industriales más productivos (China, Europa-Alemania, Japón y, hasta hace poco, Rusia) han derivado sus excedentes al sistema de Wall Street, convirtiendo EE. UU. en una economía de consumo que absorbe los ahorros y la generación de valor de todo el mundo. Esa estructura de poder financiero dificulta enormemente un reparto más justo de la riqueza social en los países generadores de valor, dado que sus clases dirigentes ya tienen donde depositar sus ganancias. Así es como mantienen la posición de poder de la élite y obstaculizan el empoderamiento tanto económico como político de las clases trabajadoras y populares.

podríamos mencionar las toneladas de basura electrónica que se envían cada año desde Europa occidental a Ghana y otros países vecinos, o las islas de plástico que se acumulan en mitad del Pacífico. Como decía Anjel Lertxundi, la basura es lo que menos huele de todo lo que rodea el basurero. Sin embargo, la cantidad de desechos que generamos y lo que hacemos con ellos no se encuentra entre las principales preocupaciones ni de los medios ni de la sociedad. Es como si fuera pecado decir por dónde sale el lujo que nos llevamos a la boca; la intimidad capitalista necesita retretes discretos para hacer sus necesidades.

En Zaldibar nos mostraron, sin ningún disimulo, que son los trabajadores los que se quedan bajo la basura de la sociedad capitalista. Vimos como enviaron a los jóvenes africanos que trabajaban allí a sus países de origen tras aprovecharse de su fuerza de trabajo barata. Vimos como esta sociedad, productora constante de insaciabilidad, nos empuja a alcanzar cada vez niveles más altos de consumo y, en consecuencia, a llenar aún más los vertederos. Zaldibar también es muestra de que la apuesta de las clases dirigentes al frente de este país ha sido puramente económica, y que las cuestiones sociales y ecológicas han sido puestas a merced del crecimiento. Al fin quedó de manifiesto que, entre las prioridades del sector mandatario de Euskal Herria, impulsar un capitalismo clientelar está por encima de plantar cara en condiciones a la crisis ecosocial. Por todo lo anterior, Zaldibar podría ser nuestro propio *casus belli* para declararle la guerra a la crisis ecosocial desde el ecologismo popular vasco, el acontecimiento histórico previo a un despertar eco-popular.

La tecnología, en palmitas

Cada vez estamos más acostumbrados a ver hileras de molinos de viento en las montañas que nos rodean. En cierto modo, estos parques simbolizan la energía limpia y la capacidad de las sociedades tecnológicas de llevar a cabo una transición ecológica, todo con el sello de las principales empresas energéticas. Si de cena con amigos o con la familia se menciona el encarecimiento de la energía o el fin del automóvil privado, siempre hay alguien que dice: «Ya inventarán algo». Tenemos el sentido común empapado de gotas *tecnófilas*.

Sostienen algunos sociólogos que en los sistemas sociales modernos se dio un proceso de transmisión de la sacralización por el cual esta pasó de residir en la religión a hacerlo en la tecnociencia. Desde que Friedrich Nietzsche anunció la muerte de Dios, surgió la necesidad de ciertos patrones generales con los que ordenar la vida, una necesidad que la Iglesia era incapaz de satisfacer. Pasamos de una verdad creada por la palabra de Dios a una producida por la ciencia, considerada como un espacio legítimo en el que dictar sentencias indiscutibles. La fe contemporánea tendría, por tanto, un impulso tecnocientífico, también de cara a solucionar los problemas sociales y ecológicos. La modernidad ha mimado el desarrollo tecnológico, lo ha protegido más que cualquier otro ámbito, como quien tiene en palmitas a su hijo favorito. Se ha equiparado el progreso de la sociedad con el desarrollo tecnológico, entendiendo el progreso como la locomotora que abriría las puertas hacia periodos históricos más prósperos y productivos. Sin embargo, escritores y pensadores célebres del siglo XX como Franz Kafka o Thomas Mann ya advirtieron de la soledad que generaba la sociedad racional de la tecnología en el individuo, al que condenaba a cumplir una función útil en la megamáquina capitalista, cercenando el resto de los aspectos de su naturaleza. Mostraron como el desarrollo de la técnica, la ciencia y la economía eficiente aliena y aísla al ser humano e impide que desarrolle sus facetas más creativas, estéticas y bellas. Según este punto de vista, el ser humano alienado y desgraciado sería el producto de la fábrica de las sociedades tecnófilas modernas.

Además, hablando de tecnología, nos convendría poner en duda la idea de su carácter neutral: en la medida en que se incorpore a sociedades configuradas de una forma específica, siempre beneficiará a las élites que la dirigen. El sociólogo libertario Lewis Mumford estudió el modo en que las energías fósil y nuclear contribuyeron a la acumulación de poder de los Estados-nación en sus procesos de modernización. En su libro *El mito de la máquina* (1967), Mumford explica la capacidad de control que la creación de una red centralizada de energía ha otorgado al Estado sobre diferentes comunidades. Anteriormente, al haber centrales hidroeléctricas o térmicas de menor tamaño distribuidas por todo el territorio, la población contaba con un grado más alto de soberanía energética: el poder estaba, en cierto modo, más repartido. En cambio, al conectar todas las comunidades y poblaciones a una sola red centralizada, estas pasaban a depender más del Estado, pues el soberano podía decidir en cualquier momento cortar el suministro ante el menor signo de desobediencia. El desarrollo de la tecnología nuclear, por tanto, contribuyó al arraigo aún más profundo de una configuración histórico-social concreta mediante la acumulación del poder en menos manos y la formación de una población más dócil.

Trasladando esta línea de razonamiento al ámbito de la transición ecológica, se podría concluir que la tecnología puede ser tanto una compañera de viaje como un palo en la rueda. En nombre del progreso, los ingenieros pueden desarrollar energías renovables de formas innovadoras, teniendo en cuenta las condiciones orográficas de cada región, de un modo que sea beneficioso para las mayorías sociales; o, por el contrario, pueden dedicarse a formular diseños de armas aún más destructivas. La pregunta es a qué grupo social se quiere otorgar poder. Decidir qué sociedad queremos, si una con un toque más ecosocialista o una con un sabor más autoritario: ahí está la clave.

Podemos recalcar el límite estructural de las sociedades que viven según la lógica del rendimiento: si se considera que algo no va a ser rentable, no se investiga. En las economías capitalistas, difícilmente se harán inversiones importantes en nada que aporte grandes beneficios sociales pero un bajo rendimiento económico. De todas maneras, aun si aplicásemos las máximas capacidades de nuestra sociedad a la investigación de fuentes alternativas de energía, beneficiosas para las mayorías sociales, no tardaríamos en toparnos con el problema de base: los límites materiales[6]. Además, creer en el mito del sueño tecnológico elimina el preocupante diagnóstico de la crisis ecológica, al tiempo que envía un mensaje claro: «Tranquilos, vosotros seguid como hasta ahora, que ya inventaremos una máquina que convierta el CO_2 en piedra o algo parecido». El discurso tecnófilo tiene la capacidad de debilitar toda crítica sistémica y, sobre todo, cumple la función de mantener el orden de las cosas tal y como está. La cuestión no es negarse a los nuevos descubrimientos científicos o desear que no se inventen nuevas tecnologías, puesto que sí hay tecnologías, como el hidrógeno verde, que de alcanzar grados más altos de efectividad facilitarían la transición ecológica. El problema es que, desde un punto de vista científico, no podemos actuar como si esa tecnología ya exis-

---

6. Para la cuestión de los límites materiales, el trabajo de Alicia Valero nos parece el más ilustrativo, pues fundamenta con gran rigor científico la imposibilidad de expandir las energías renovables de forma masiva (Valero *et al.*, 2021).

tiera. Es decir: tal vez llegue una nueva forma tecnológica que nos ayude, o tal vez no. Lo más seguro es que no.

Así pues, he aquí la afirmación más importante del diagnóstico ecosocial: la crisis ecológica no es un problema técnico, sino uno político-social. En consecuencia, la solución está más cerca del ámbito de la política que de los centros de investigación. Las calles, las plazas y las pancartas son más eficaces que los laboratorios *high tech* llenos de batas blancas. No podemos inventarnos un sol artificial y lanzarlo al espacio para que nos suministre energía. Solo tenemos un sol, y nos toca a nosotros adaptarnos a sus condiciones. A pesar de que los sueños tecnófilos propongan ambiciosos proyectos técnicos, existen dos grandes obstáculos: por un lado, lo que generan las renovables es electricidad, que supone solo el 21 % de nuestro consumo energético total. Vivimos en sociedades fósiles, y necesitamos energía fósil, también para producir, construir, instalar y mantener molinos de viento y placas solares, de modo que reemplazar la energía que obtenemos de los combustibles fósiles por renovables al cien por cien es una imposibilidad lógica. Por otro lado, empezar a producir energías renovables de forma masiva conlleva quemar más petróleo y gas; en consecuencia, emitimos más CO_2 a la atmósfera, cosa que nos sume aún más en la emergencia climática y nos acerca a los famosos *tipping points*[7]. Desde ese punto de vista, donde mejor están los pozos de petróleo y gas es bajo tierra, intactos, pero no parece que tal cosa sea posible en las circunstancias políticas y culturales actuales.

7. Los *tipping points*, o puntos de no retorno, hacen referencia a algunos de los límites que presenta el propio sistema ecológico. De cruzarse esos límites, el ser humano, independientemente de sus acciones, no podrá evitar ciertas consecuencias, ya que el propio sistema biosférico alimentará la dinámica global de calentamiento. Por ejemplo, se calcula que el deshielo del Ártico supondrá la liberación a la atmósfera de miles de toneladas del metano atrapado en las aguas heladas. Esto a su vez multiplicaría las emisiones de gases de efecto invernadero y, por lo tanto, las propias fuerzas naturales del planeta acelerarían aún más el proceso de calentamiento.

Un régimen ecológico que se queda corto

El bienestar y el oro negro, la seducción de la reforma

Cuando la crisis de 2008 golpeó a una Europa en plena fiesta, no fueron pocas las fuerzas de izquierdas que llamaron al regreso a la receta keynesiana de los «treinta años gloriosos» con el patrocinio de economistas, historiadores y sociólogos de renombre. Recordemos que, en la coyuntura histórica europea de entre 1945 y 1973, las clases dirigentes occidentales consideraban obligatorio tratar con dignidad a las clases trabajadoras y populares, temiendo caer en las garras del socialismo armado, agazapado a la otra orilla del río Elba. Aumentaron los salarios en función de la productividad, establecieron impuestos rigurosos a las grandes fortunas, fomentaron políticas para empoderar a los trabajadores (en 1970, por ejemplo, los socialdemócratas suecos aprobaron medidas para que los sindicatos fueran convirtiéndose de forma progresiva en propietarios de las principales empresas del país) y propagaron la industria cultural de masas con el cine, el fútbol y los viajes a la Luna. Con todo esto buscaban, en esencia, que los trabajadores no incordiaran demasiado.

Algunos autores afirman que los trabajadores de Europa occidental vivieron mejor que los soviéticos, y que el bienestar de los primeros se habría originado, en realidad, en la necesidad de competir con el modelo socialista. El erudito periodista Enric Juliana ha recalcado que lo que nos dio la URSS nos lo quitó, en la era de la deslocalización, la República Popular de China. Lo que son las paradojas de la historia. Rara vez se menciona, no obstante, el acceso que en aquellos años tuvo el capitalismo reformado a la abundancia de energía barata. Con los pozos petrolíferos de Venezuela y Oriente Medio a rebosar, bastaba con rascar un poco la superficie de la tierra para obtener ingentes cantidades de energía de calidad. El crecimiento continuo propio de aquella época –con sabor a desarrollismo y productivismo– se sustentó sobre una base energética extensa. Sin embargo, si aguzamos la mirada, nos daremos cuenta de que aquello fue una excepción histórica. El crecimiento material de la economía fue tal que el dólar dejó de cambiarse por oro en favor de los petrodólares, la base principal de toda aquella ficción histórica en construcción: el oro negro.

Ante el diagnóstico de los límites energéticos, uno podría desconfiar de que se llame al regreso a la receta keynesiana de la década de los 60. Aun desde un punto de vista puramente keynesiano, y pese a que el llamamiento a recuperar la correspondencia entre trabajo y capital podría parecer razonable en cierta medida, no podemos olvidar que la configuración histórica que posibilitó aquel acuerdo ha desaparecido, y que las recetas keynesianas de las que hablamos se pensaron desde y para un orden social traumatizado por la Segunda Guerra Mundial.

Hecha esta matización, hoy resulta imprescindible pensar en cómo desarrollaremos la justicia social en economías y sociedades menos productivas y más escasas material y energéticamente. Eso conlleva pensar en escenarios sin los fósiles que han sido hasta ahora los cimientos del estado de bienestar, así como poner en práctica sistemas de bienestar que no extraigan recursos y fuerza de trabajo de otros territorios. Como expone Joseba Azkarraga, «el estado de bienestar ha tenido un pie en la justicia social nacional y otro en la injusticia global. Desde este punto de vista, el trabajador occidental ha sido al mismo tiempo el eslabón más débil necesitado de derechos y un cacique guarnecido de privilegios» (Azkarraga, 2014: 22).

Así pues, hasta una lectura optimista de la Europa keynesiana tiene sus aspectos espinosos. No por haber llegado a amplios sectores sociales significa que sea universalmente aplicable; en cierto modo, los clubs blancos occidentales se han vacunado contra la miseria y la pobreza al tiempo que saqueaban otras tierras y dejaban otras desprotegidas. O, dicho de otra forma: la producción del bienestar occidental ha sido al mismo tiempo la producción de los marginados, los sometidos y los desposeídos. Es más: el acuerdo fordista entre el movimiento obrero organizado y el capital proporcionó derechos al hombre blanco heterosexual y cabeza de familia, al tiempo que ubicaba al resto en subordinación a ese *padre trabajador* con derechos.

Además, si nos fijamos en las experiencias subjetivas, también la categoría de bienestar podría ser debatible: si la sociedad fordista asalariada ofreció vacaciones pagadas, acceso a sanidad y educación o un sistema de pensiones a la fuerza de trabajo occidental, fue a cambio de altas dosis de alienación y trabajos penosos. Ahí está el caso del amianto, o las altas tasas de contaminación de las ciudades –Bilbao en los 80–, los numerosos accidentes y muertes laborales, los alienantes ambientes autoritarios de las grandes fábricas... Pues una cosa son los saltos en indicadores cuantitativos (el equilibrio entre los sueldos y el capital, la escolarización general, el crecimiento económico constante, etc.) y otra muy distinta son los testimonios procedentes de la experiencia subjetiva de los trabajadores, que de bienestar tenía poco. Así pues, desde el punto de vista cualitativo, no podemos decir que las clases populares y trabajadoras de la Europa del bienestar hayan vivido rodeadas de lujo y esplendor. Todo lo contrario: la lucha por el socialismo fue entonces más fuerte que nunca.

Defendamos o no las reformas keynesianas, la realidad material de la crisis ecosocial pone ante el espejo el agotamiento total de ese modelo de desarrollo. Tomarse en serio la cuestión ecológica significa entrar en conflicto con los cimientos del capitalismo; significa, como indicaba la profunda tesis de Walter Benjamin, echar mano del freno del tren, en lugar del acelerador, pues el desafío a la hegemonía ecosocial –el ejercicio que supone desplazar las elecciones individuales y las decisiones estructurales en la misma dirección– supone, en definitiva, poner en marcha una amplia operación político-social de autolimitación. A mi modo de ver, la tarea exige que nos agarremos al hilo histórico que busca y reivindica transformaciones profundas.

París, el traje nuevo de Occidente

> «También San Sebastián tiene sus rincones parisinos», quisiera pensar el Faquir. Hay gente que se dedica a rastrear París en San Sebastián; una huella de París, en cualquier caso, la muestra de París, la islita de París, su promesa o su boceto.
>
> HARKAITZ CANO

Nos viene a la mente aquel otoño histórico de 2015 en el que Occidente eligió París y su elegancia para presentar al mundo el ambicioso acuerdo con el que pretendía hacer frente al desafío ecológico. París, la ciudad en la que se entremezclan la supremacía del adinerado Occidente imperial y el encanto de la bohemia; la frialdad del poder entrelazada con las pasiones más ardientes de la vida, el arte y la cultura. No fue un escenario fortuito: la transición ecológica exige esa fusión de contrastes. Como a quien tiene una cita con el sastre, nos anunciaron que ya estaba listo el elegante traje para el baile de la crisis climática. No solo nos dijeron que íbamos a limitar el calentamiento global a 1,5 grados, sino que además lo haríamos sin renunciar a la clase y la arrogancia de la civilización occidental.

No hace falta ser un científico experto para darse cuenta de que los restos de aquella hoja de ruta parisina se ahogaron en las aguas del Sena. Desde 2015, las emisiones han aumentado año tras año, y hoy la atmósfera acumula más toneladas de CO_2 que nunca. Décadas de compromisos ambientales y políticas neoliberales han dado paso a un empeoramiento general de la situación ecológica global. Solo hubo un año en el que se redujo la cifra global de emisiones de carbono: 2020, el año en que un pequeño virus puso el mundo patas arriba. Aquel año redujimos las emisiones un 7 % de media, cifra que vino acompañada del endurecimiento del control, la disciplina social y el *shock* económico que la pandemia trajo consigo. Para alcanzar el objetivo de los 1,5 grados que nos prometieron entre los elegantes trajes de París[8], la comunidad científica nos dice que tendríamos que reducir las emisiones un 7-9 % al año hasta 2050. Pero no parece que nadie tenga ganas de volver a los tiempos en los que los generales del ejército daban ruedas de prensa.

Sentimos una punzada de urgencia y angustia cuando nos presentan estos datos. La impotencia y las ganas de escapar se nos arremolinan en las tripas, sentimos que la velocidad del tren está fuera de nuestro control, que es demasiado tarde para hacer maniobras complicadas. Aunque parezca paradójico, cuando nos toca ralentizar y adoptar ritmos de vida basados en la ecología, también nos toca movernos rápido y con inteligencia.

En este contexto se ha formado la propuesta política denominada Nuevo Pacto Verde[9]

---

8. Aunque a primera vista no parezca para tanto, un calentamiento de 1,5 grados es suficiente para que se desencadenen consecuencias devastadoras en muchas zonas del planeta. De hecho, por hacer una comparación ilustrativa, cuando la temperatura del cuerpo humano aumenta 1,5 grados –pongamos, de 37 a 38,5–, nuestra salud empeora de forma notoria. Lo mismo ocurre con nuestro planeta y su equilibrio ecológico: un incremento de 1,5 grados augura ya de por sí malas noticias, con síntomas que se manifestarán en diferentes niveles. Sea como fuere, teniendo en cuenta la presente falta de consenso político y el rumbo que están tomando las políticas económicas, lo más probable es que en las próximas décadas lleguemos a niveles de calentamiento por encima de esa cifra.

9. *Green New Deal*, en su conocida versión inglesa.

(GND). En esencia, la idea que plantea es que, para alcanzar los objetivos climáticos establecidos en el acuerdo de París, debemos desligar el crecimiento económico de las energías fósiles. Argumentando que el decrecimiento provocaría graves situaciones de pobreza y miseria, los autores que se han declarado defensores del GND afirman que la descarbonización de la economía y el alcance de la estabilidad climática son objetivos realizables mediante la inversión pública masiva en energías verdes y la reducción de la dependencia de los sectores más contaminantes que utilizan grandes cantidades de fósiles. Además, añaden, es la única posibilidad real que existe de un acuerdo político generalizado. La contradicción principal, sin embargo, es que el crecimiento del Producto Interior Bruto y la reducción de los gases de efecto invernadero son dos objetivos que no pueden alcanzarse al mismo tiempo. El crecimiento del PIB conlleva la expansión de la economía, lo cual, a su vez, supone extraer aún más recursos de la Tierra, cosa que aumenta las tasas de consumo y producción. Esto no solo lleva a mayores emisiones de CO_2, sino que también significa pisar más a fondo el acelerador, agravar la pérdida de biodiversidad, intensificar las extracciones minerales y, en esencia, dejar menos recursos en nuestros montes, bosques, ríos y mares a las próximas generaciones. En pocas palabras: las políticas que fomentan seguir calentando y engrasando la economía tienen como última consecuencia la aceleración del metabolismo social en unos tiempos en que lo que necesitamos es ir más despacio y tomar aire. Es por ello por lo que diferentes autores han planteado serias dudas acerca de las consecuencias positivas que podría tener una estrategia de transición verde basada en los supuestos del GND.

Para entender la vía pro-*new deal* que podría tomar Occidente hacia una economía ecológicamente sostenible, debemos tener en cuenta también el marco de las relaciones internacionales neocoloniales. Lo cierto es que se argumenta que en el periodo de 2000 a 2014 hubo países como EE. UU., Reino Unido o Alemania que consiguieron desvincular el crecimiento de su PIB de sus emisiones de carbono. Lo que ocurre es que esa desvinculación se ha debido, hasta cierto punto, a la desindustrialización y al hecho de que dichos países se han convertido en el corazón del capitalismo financiero global. Al trasladar a los países asiáticos los costes sociales y ecológicos de la producción de las mercancías materiales de las economías modernas, el coste ecológico de los procesos de producción de los bienes que se consumen en los territorios estadounidense, británico o alemán queda fuera de los cálculos. Dicho de otro modo: los productos importados de países más pobres se venden a precios del mercado occidental y se contabilizan en el PIB, pero las emisiones de CO_2 que ha generado la producción de esa mercancía se le adjudica al país de origen. De ese modo, se excluyen de la contabilidad las emisiones indirectas importadas, pero no olvidemos que el dato realmente importante es el del volumen total de los recursos extraídos de la Tierra ligado al modo de vida de una población dada. Podríamos decir que, gracias a este mecanismo, los datos del PIB de los países al mando del capitalismo financiero no dejan de inflarse, ya que se apropian del valor creado en países más pobres mediante formas de relación neocoloniales.

Posibilitar el Nuevo Pacto Verde también conllevaría en cierta medida la reproducción de formas similares de relación. Para llevar a cabo una transición viable para Occidente, habría que extraer los recursos necesarios para la producción de energías renovables (litio, coltán, cobalto, manganeso...) del *sur global* y ponerlos al servicio de las sociedades occidentales. Desde una perspectiva de clase, incluso aplicando la receta redistributiva keynesiana a nivel interno (lo cual beneficiaría a las clases trabajadoras y populares de Europa), esta sería difícilmente compatible si quisiéramos unas relaciones internacionales igualitarias. Pensar en una transición ecológica justa no consiste solo en pensar en una transición que mitigue las diferencias de clase, género y raza de nuestra sociedad, sino también en relacionarnos con el resto de los pueblos del mundo desde la atalaya de los principios igualitarios. Dicho esto, poniendo la vista en Euskal Herria, podemos formular una pregunta incómoda: sabiendo que somos un pequeño país industrial, y que debemos poner en marcha una transición ecosocial, ¿aceptaremos seguir extrayendo recursos del sur global para posibilitarla? ¿Estamos dispuestos a hacernos cargo de esa contradicción? ¿O deberíamos ubicarnos en la corriente de las propuestas políticas que buscan superar esas formas de relación? Es en estas preguntas donde se concentra uno de los principales ejes de tensión de nuestra transición ecosocial.

En esta misma línea, incluso si invirtiéramos ingentes masas monetarias al servicio de la transición, tenemos que entender que, como nos recuerda la economía ecológica, la riqueza monetaria no puede sustituir a la riqueza natural. Los recursos no renovables, una vez utilizados, no pueden reproducirse con dinero. Aunque puede parecer una idea simple y fácil de entender, la economía capitalista y su imperativo de rentabilidad nunca construyen su argumento desde esa base. Prefieren hablar de *modernización ecológica* o de *economía ambiental* argumentando en esencia que también sin fuentes fósiles es posible mantener a largo plazo sociedades complejas, ricas y altamente tecnológicas, siempre y cuando se canalicen los flujos financieros en esa dirección.

Podemos tomar como ejemplo lo que ocurrió con las olas de calor y las sequías del verano de 2022, cuando, para hacer frente a un problema de suministro de agua en Bermeo, se enviaron miles de litros en barco desde Santurtzi. Podemos pensar que, aun si los bermeanos tuvieran dinero de sobra y estuvieran dispuestos a pagar miles de euros por litro, habría sido un problema difícil de resolver si hubiera afectado a todos los suministros de agua de Bizkaia. El resto de las poblaciones querrían reservar agua suficiente para ellas, y solo entonces, tal vez, les venderían agua a los bermeanos. A un recurso que escasea y que es necesario para la vida no se le puede asignar un valor según el sistema de precios del mercado; hay que racionarlo de alguna forma, dado que por el momento no podemos transformar los billetes en gotas de agua. Por eso los economistas ecológicos prefieren hacer listas de los recursos y energías disponibles, y medir las posibilidades que tiene una sociedad para el sostenimiento de la vida, antes que fijarse en los indicadores abstractos e inflados del PIB[10]. En definitiva, el ejercicio político que hacen es pensar en una economía ecológica basada en bienes de *valor de uso*, fuera de la ficción abstracta construida sobre el valor de cambio.

Por último, los promotores del Nuevo Pacto Verde asumen con demasiada facilidad que el capital internacional se sumará de forma voluntaria al acuerdo, dando por hecho que descarbonizar la economía y hacer frente al cambio climático es algo en lo que toda la humani-

---

10. Debemos recordar que el Producto Interior Bruto se concibió a modo de indicador para medir el crecimiento tras la Segunda Guerra Mundial y revivir económicamente una Europa destruida y necesitada de reconstrucción. Con el tiempo, no obstante, el PIB pasó a utilizarse a modo de herramienta ideológica para legitimar numerosas decisiones políticamente cuestionables en nombre del crecimiento. Aún hoy, la comparación de la evolución del PIB de una sociedad con su bienestar es una operación ideológica que vemos con frecuencia en los principales medios de comunicación, por mucho que ese crecimiento se esté dando a costa de un planeta en llamas.

dad está interesada. Pero cabe manifestar una duda legítima: ¿por qué va a aceptar el capital perder una cantidad considerable de poder a favor de las clases populares y de un Estado más democrático? ¿Por qué motivo permitiría que aumente el poder adquisitivo de los salarios, se multipliquen los puestos de trabajo y se reduzcan las jornadas laborales? Con el monstruo del socialismo ya desaparecido, no parece que la oligarquía internacional esté dispuesta a aceptar esas condiciones simplemente por una apelación a la moral, a pesar de que una transición ecológica de tintes socialdemócratas les sirviese para mantener la estabilidad político-social.

De cuando la Europa liberal se vistió de verde

El filósofo parisino Gilles Deleuze hablaba de que el capitalismo tiene límites elásticos, que permite que los flujos del deseo social se muevan a su antojo para, después, *territorializar* esa área y utilizarla para extraer valor. El capitalismo cuenta con mecanismos sofisticados para absorber los movimientos que podrían rebelarse contra él; en constante reinvención y remodelación, intenta canalizar a su favor, a modo de judoca hábil, la fuerza que acomete en su contra. Eso hizo con la contracultura de los 60 y 70 y con varias de las reivindicaciones del colectivo LGTB. También ha desarrollado estrategias parecidas ante la crítica sistémica ecologista: con discursos similares, emprende operaciones para despolitizar y vaciar de contenido esos movimientos contrahegemónicos y abrir nuevas áreas de mercado.

Por supuesto, no es una jugada perfecta, y hay espacios críticos que se han aferrado a su carácter impugnador. No obstante, en una Europa debilitada bajo el yugo de la Troika, en tiempos de la supremacía total de la economía de finanzas y la perspectiva neoliberal, la crisis no se ha interpretado únicamente en términos de amenaza, sino también como oportunidad para abrir nuevos mercados e incrementar los beneficios. La oligarquía internacional ya se ve haciéndose de oro invirtiendo en las nuevas rutas marítimas y los nuevos territorios que dejará al descubierto el deshielo del Ártico y podrán perforarse para la extracción de petróleo o de los minerales necesarios para las energías renovables. Josu Jon Imaz, consejero delegado de Repsol, lo dejó claro: tenemos que llevar a cabo una transición energética «sin ideologías».

La amenaza climática no solo se utiliza para hacer negocio en el ámbito material: lo mismo ocurre en el mercado financiero y de títulos de deuda (Keucheyan, 2019). Así se han creado, por ejemplo, servicios de seguros para los posibles efectos de las sequías, los huracanes o los temporales, para que en caso de desastre la empresa aseguradora asuma el peso de todos los costes. Esos contratos que se adjudican pasan después a la compraventa en los mercados de segundo nivel mediante prácticas de especulación. En el proceso, el miedo y la inseguridad que suscita la amenaza climática se convierten en fuente de beneficios. Por decirlo en términos más simples: la crisis socioecológica se convierte en una mercancía que se compra y se vende en las bolsas internacionales como si de un producto financiero rentable se tratara. Lo mismo se puede decir de los permisos de emisiones de gases de efecto invernadero. Los Estados conceden permisos a las empresas para una cantidad máxima de emisiones, como forma de establecer un tope a las emisiones totales de un Estado. El asunto es que esos permisos se utilizan de forma estratégica a nivel global para su compraventa a otras empresas, una vez puesta en marcha una especie de ingeniería algorítmica de permisos. Al capital, que tiene permitido volar libre por el mundo, le resulta relativamente fácil navegar por entre los resquicios de la ley y saltarse los límites de emisiones establecidos por los Estados. Conocemos bien la consecuencia: cada vez se acumulan más gases de efecto invernadero en la atmósfera.

Más allá de la ineficacia que han mostrado todas estas políticas *green* para la reducción de las emisiones (hay que reconocerles que para llenar los bolsillos de algunos sí han sido muy efectivas), la pregunta es si hay algo más que pueda hacer la Unión Europea, cuya aspiración al desarrollo de la economía de mercado es el núcleo mismo de su existencia, en lo respectivo a políticas medioambientales. Más que establecer límites, intenta dar incentivos, buscando facilitar de alguna manera la transición energética de las empresas con proyectos financiados con dinero público. La distribución de los fondos Next Generation es la prueba más clara del papel que desempeña el Estado neoliberal: en lugar de ser el agente al mando la economía (al estilo de los tiempos keynesianos), hace generosas transfusiones de riqueza social a las cuentas de las grandes empresas y corporaciones, supuestamente para que pongan en marcha proyectos estratégicos para la transición ecológica. No es que las grandes corporaciones oligopólicas se hayan fortalecido por el debilitamiento de los Estados europeos: es que el Estado es precisamente el garante principal de la economía neoliberal. El proyecto neoliberal nace del Estado, del que necesita protección, impulso y apoyo. Sin la garantía del Estado, la economía neoliberal no sería posible: el Estado es una condición necesaria para que esta exista. Según esta lógica, por tanto, el objetivo de las políticas medioambientales implantadas por la UE es que las empresas saquen rédito de ellas, de modo que los empresarios de los oligopolios vean representados sus intereses.

El problema es que ese *modus operandi* siempre chocará con los límites, pues los inversores nunca dejarán de buscar beneficios, dispuestos a exprimir el mercado hasta la última gota. Siguiendo ese razonamiento, el Estado no puede detener la tendencia del mercado a expandirse, pues el mercado siempre querrá más, siempre intentará abrir nuevas áreas de negocio para satisfacer el ansia sistémica de la creación de valor. El resultado final es que el *régimen ecológico* que perpetúa la crisis ecosocial sigue en pie, pues nunca llega a tocarse su estructura interna. Todo esto quiere decir que mientras sigamos en este *régimen ecológico* seguiremos chocando con los límites, no porque los agentes del mercado sean seres astutos y despiadados, sino porque dicho régimen posibilita un modo de vida económico internacional en el que prima la competición agresiva. Tras la crisis de 2008, oímos a Nicolas Sarkozy y a Barack Obama, entonces presidente de EE. UU., defender la necesidad de construir un «capitalismo de rostro humano». Es decir, que los mercados siguieran destruyendo las redes comunitarias de solidaridad, el bien común y las formas económicas tradicionales, pero que disimularan un poco, por favor. Sabemos bien que quien se aleje de ese esquema, quien quiera explotar sus recursos de forma democrática, será disciplinado. Valga como ejemplo la lección que dieron a Grecia en 2015.

La izquierda y el cooperativismo crecentista vasco

Las principales preguntas políticas de izquierda formuladas a lo largo de los siglos XIX y XX han tenido como eje central preocupaciones ligadas a la economía política clásica. ¿Cómo acabar con el hambre y la miseria? ¿Cómo distribuir el trabajo, la renta y la riqueza social de forma justa? ¿Cómo superar el conflicto estructural entre el trabajo y el capital? ¿Cómo construir un modelo de sociedad sin clases sociales? Es a la sombra de estos dilemas donde podemos entender las contribuciones de los autores de izquierdas más significativos y la brújula de las prácticas socialistas.

La forma de hacer frente a la pobreza y liberar al pueblo del yugo del hambre ha sido producir más riqueza, un enfoque basado en la creencia de que, al tener más pastel para repartir, las clases populares y trabajadoras se llevarían un trozo más grande. Dicho de otra forma: por distintos motivos, la izquierda ha sido amante del paradigma crecentista y no ha considerado colocar la cuestión de los límites del planeta en el centro. En honor a la verdad, en el marco conceptual de la época histórica que les tocó vivir, todavía no había aparecido el concepto de *planeta lleno*; los ríos eran generosos, los bosques eran extensos y las tierras sin explotar, *infinitas*. En el caso del cooperativismo de Euskal Herria, ocurre lo mismo: las estrategias de internacionalización de la década de los 90 y la idea de que a más crecimiento mejor posicionamiento en el mercado han creado una tendencia a apartar la vista del conflicto ecológico y a repetir *grosso modo* el esquema de crear más riqueza para repartir más. Sin embargo, cualquier autor que pretenda teorizar hoy en día sobre la liberación social debe contar con la sostenibilidad ecológica como variable central en sus formulaciones. Podríamos decir que a la pregunta política principal se le añade otra condición: ¿cómo crear vidas dignamente abastecidas en lo material para todos y dentro de parámetros ecológicos? ¿Cómo desarrollar la justicia social en un escenario de materia y energía reducidas? Quizá un posible punto de partida lo diera el anarquista Piotr Kropotkin en el siglo XIX, cuando hablaba de la distribución de la riqueza: «Facilitar el acceso a lo que abunda, racionar lo que escasea».

No obstante, entre luchar contra el hambre y la miseria y defender el crecimiento porque sí hay un trecho. Hoy en día es bien sabido que el éxito económico del cooperativismo en Euskal Herria se debe hasta cierto punto a su ubicación en la corriente de los flujos internacionales de capital. Hasta la crisis de 2008, muchas de las ambiciosas estrategias puestas en marcha por las cooperativas tenían por brújula la mejora de su posicionamiento en el mercado y el aumento de su rentabilidad económica, por mucho que esto supusiera ciertas fisuras en el proyecto ideológico básico del cooperativismo. Quizá dos de los indicadores más claros de ello sean el caso de Eroski y la quiebra de Fagor

Electrodomésticos. Tanto Fagor como Eroski, con su estrategia expansionista, iniciaron operaciones internacionales de compra de alto riesgo, lo cual supuso un altísimo nivel de endeudamiento. Ese empujón, mediante el cual estas cooperativas pretendían mostrarse competitivas contra las grandes multinacionales, obstaculizó la creación de estructuras financieras sólidas, lo cual más adelante arrastró a miles de trabajadores a la grave crisis que ya conocemos.

Así pues, el hecho de que los medios de producción estén en manos de los colectivos de trabajadores puede ser una condición idónea para la transición ecológica, pero no es la única. Ciertas corrientes del marxismo defienden que es posible constituir formas sociales y económicas más armoniosas con la naturaleza solo con cambiar las estructuras de propiedad de las empresas. Hoy sabemos que eso no es del todo cierto: los colectivos de trabajadores también pueden ser proclives a abrazar tesis capitalistas y dar prioridad a los beneficios, más aún en el fortalecimiento cultural que ha vivido el neoliberalismo durante las últimas décadas. Por eso hay que revisar estas experiencias cooperativas construidas en asociación y bajo la mirada colectiva, pasando por la consulta de la economía ecológica.

De todas formas, podríamos preguntarnos si acaso les quedaba otra opción; si hay espacio para actuar con coherencia, con unos valores algo más izquierdistas y leales con las cooperativas, en unas economías de mercado capitalistas internacionales tan agresivas. En una Europa neoliberal en la que la oligarquía presiona para conseguir posiciones monopolistas en el mercado, puede ser pragmático pensar que, si no queremos que nos devore el pez grande ni perder las migajas de soberanía que nos quedan, no hay otra opción que amoldarse a las reglas del juego. Conscientes de las estrictas determinaciones que establece la competencia capitalista, siempre queda un resquicio para la agencia propia; siempre hay una oportunidad de desplazarse hacia nuevas direcciones dentro del terreno de juego.

La cuestión es trascender la mirada que interpreta la rentabilidad económica y la producción basada en criterios sostenibles como opuestas, mediante la puesta en práctica de propuestas concretas y originales capaces de armonizar ambos conceptos. Pues también puede argumentarse al revés: si no basamos nuestra actividad según criterios ecológicos, no habrá rentabilidad para nadie o, al menos, no para la amplia mayoría social. Es más, creando empresas más pequeñas y descentralizadas, relocalizando la economía, pueden crearse puestos de trabajo más seguros y estables que ofrezcan una alta rentabilidad social y ecológica a las comunidades del entorno, a pesar de que los márgenes de beneficio económico se reduzcan de forma significativa. Como explica Mirene Begiristain (2022), es fundamental desarrollar modelos cooperativos vinculados al territorio para construir vidas que sean dignas para todos y quepan dentro de los límites planetarios. De ese modo, además de satisfacer las necesidades de nuestra vida diaria (la vivienda, los cuidados, la alimentación, la energía o la movilidad), también estaríamos recreando la identidad cultural vasca desde el punto de vista simbólico. Una identidad más colectiva desde el ecofeminismo, que ponga los cuidados de las personas y del sistema natural en el centro, en equilibrio con el territorio. En esencia, la superación del modelo capitalista global y la reproducción de la identidad cultural vasca son procesos que van entrelazados. El desafío al que se enfrenta el cooperativismo vasco consiste en reposicionarse dentro de ese marco, en pensar una austeridad justa. Las cooperativas industriales vascas, por su dimensión, tamaño e historia, podrían servir de faro en una transición ecosocial compleja del sistema productivo, aplicando recetas cooperativistas clásicas y, a la vez, cotas avanzadas de cogobernanza, racionalización y burocracia autogestionada.

El ecologismo político: ¿utopía de la clase media urbana?

Podemos aplicar un esquema parecido a la hora de pensar en la relación que el sindicalismo clásico y las organizaciones de izquierdas han tenido con el ecologismo político. Si bien los vientos de la historia han traído el eje de la cuestión ecológica al centro del debate social y político, la forma en que se ha mirado colectivamente al problema ecológico desde los movimientos populares ha sido distinta. Dado que *Los límites del crecimiento* –el informe encargado por el Club de Roma que fundamentó los límites del crecimiento en clave científica– data de 1972, debemos ubicar la expansión del movimiento ecologista en esa década. Con todo, eran muchos los sindicatos y grupos de izquierdas que contemplaban el movimiento con desconfianza, por considerarla una operación al servicio de la burguesía. Su argumento era, básicamente, que en una época histórica que presenciaba el empoderamiento de la clase obrera y el declive del régimen franquista, prestar atención a la cuestión ecológica acarreaba división y desorden. Primero, la revolución; después, todo lo demás.

Hacer una lectura de los debates de aquella época a través de una lente actual podría ser, en cierta medida, un ejercicio injusto e históricamente tramposo. Debemos tener en cuenta que distintos movimientos revolucionarios tenían expectativas reales de ruptura socialista, así como el hecho de que, tras la caída del poder político franquista, la idea de establecer repúblicas socialistas se consideraba políticamente viable y realizable[11]. Además, no hay que olvidar que el ecologismo siempre ha reunido una multitud de ramas distintas en su haber; entre ellas, los sectores que hicieron suyas las tesis malthusianas[12].

---

11. En cualquier caso, hay que decir que la Izquierda Abertzale no hizo esa lectura. Viendo que no se daban las condiciones para una ruptura revolucionaria con el régimen, concluyeron en la necesidad de ir construyendo esas condiciones paulatinamente. Esa actitud más conservadora, por así decirlo, con respecto a la ruptura revolucionaria impulsó la decisión de continuar la lucha armada.

12. En su *Ensayo sobre el principio de la población* de 1798, Malthus prestó atención al problema del crecimiento demográfico y afirmó, en esencia, que una sociedad no puede crecer por encima de lo que le da su territorio. Su tesis, aunque razonable a primera vista, no diferencia entre el nivel de consumo de las élites y el de quienes están en el último

Asimismo, al ecologismo se le ha achacado una influencia demasiado urbana y academicista, acusado de posicionarse lejos de las preocupaciones de las clases populares. En los trabajos de investigación existentes hasta la fecha, la mayoría de quienes muestran preocupación por la crisis ecológica suelen ser personas de cierto nivel económico y cultural, habitantes de las zonas urbanas. Según ese razonamiento, se podría decir que los trabajadores y los sectores con necesidades materiales básicas piensan antes en la cesta de la compra de mañana que en el rumbo que lleva el mundo. Así pues, el ecologismo ha recibido acusaciones de ser un movimiento de la clase media alta blanca y privilegiada, y es innegable que algunas de sus versiones están representadas por esos sectores sociales –el partido de los verdes alemán es tal vez el más significativo–. Sin embargo, estos procesos sociológicos han tomado una forma distinta en el caso de Euskal Herria. Como refleja el tra-

---

escalón social, como si todos fueran igualmente culpables. Después estas tesis se utilizarían desde ciertos ecologismos para demonizar a los pobres, más o menos insinuando que no tengan hijos y que desparezcan por el bien de la ecología. Por supuesto, entender el planeta como hogar únicamente de unos pocos blancos privilegiados y definir al resto de la población como excedentes conduce a unos posicionamientos políticos rayanos con el ecofascismo.

bajo de investigación de Rafael Ajangiz e Iñaki Barcena, los sectores que alentaron el movimiento antinuclear y ecologista en la década de los 70 provenían de la lucha antifranquista (Ajangiz y Barcena, 2001: 29). Es decir, que no fue un movimiento formado por científicos y profesores universitarios. Cabe explicitar que las consignas ecológicas de los inicios aludían a la demanda de unas mejores condiciones de vida para los trabajadores y la protección de su salud, de lo que se trasluce que la clase obrera y la conciencia de clase tenían una presencia importante en el ecologismo vasco. Además, con frecuencia el movimiento se mostró afín al nacionalismo revolucionario y al deseo de autodeterminación, lo cual le dio la oportunidad de expandirse a otros sectores sociales, como en el caso de la central nuclear de Lemoiz, vista como una herramienta para despojar a Euskal Herria de su derecho a decidir (ídem: 30). Así pues, la configuración sociológica de la cuestión ecologista puede variar de país en país, condicionada por las realidades políticas y las luchas sociales de cada contexto geográfico.

De estos choques podemos extraer dos conclusiones: la primera, que desde la perspectiva izquierdista es imprescindible desterrar el modelo malthusiano para solucionar la crisis ecológica; la segunda, que más que por académicos y personas de alto capital cultural, el movimiento ecologista debe estar formado por una ciudadanía diversa. Debe haber espacio para las perspectivas, pensamientos y preocupaciones de amplios sectores de la sociedad. Así pues, desde el ecologismo popular se podría decir que la izquierda y sus organizaciones deben hacer un ejercicio de toma de responsabilidad sobre la crisis ecosocial. El vínculo entre la liberación obrera y la crisis ecológica es profundo, y por lo tanto ambas han de ir de la mano.

Tomemos el ejemplo de un operario que trabaja en el turno de noche de una fábrica, produciendo piezas para un vehículo que funciona a base de combustibles fósiles desde las diez de la noche hasta las seis de la mañana. Supongamos que, en la transición energética que se pretende iniciar mediante políticas verdes, el operario fabrica las piezas de un autobús que funciona a base de hidrógeno verde y electricidad. Aunque la segunda opción sea mejor para el medio ambiente, la salud del operario se resentirá igual, obligado como está a trabajar durante largos turnos nocturnos. Eso también es ecologismo: el respeto por la salud y la garantía de unas condiciones laborales sostenibles para quienes participan en los procesos de producción. Cuando el capitalismo verde busca la continuación de las mismas formas de explotación y extracción de valor, el sindicalismo y el ecologismo popular están condenados a encontrarse.

El ecofascismo y el salvajismo ecosocial

En un mundo cada vez más escaso de recursos, lejos de la reestructuración económica y cultural que requeriría una transición ecosocial democrática e igualitaria, el ambiente político internacional es cada vez más frío y distante a medida que nos adentramos en la década de 2020. La situación de guerra y el nuevo régimen político belicista que se ha establecido ligado a esta (Sánchez Cedillo, 2022) sirven para la disciplina social, el fortalecimiento nacionalista-blanco-imperialista y la difusión del eje *nosotros contra ellos* a todos los ámbitos de la vida social. Se ha hecho evidente lo inmanejable de la inestabilidad global. Desde la perspectiva de la izquierda, recordemos que su *trauma original* fue el voto de la socialdemocracia europea a favor de los créditos de guerra en 1914, decisión cuyo eco aún reverbera en los debates de nuestros días.

Esta sensación de que todo se tambalea indica que nos encontramos en una década decisiva, durante la cual Oriente y Occidente parecen estar disponiéndose a competir por la hegemonía mundial. La situación geopolítica resultante de esta reordenación sistémica refuerza las tesis ecologistas que afirman que lo único que nos queda es «colapsar lo mejor posible». Jorge Riechmann riza aún más el rizo: según él, si amamos la vida deberíamos *desear* el colapso de este sistema en su forma más acelerada. No creo que desde la perspectiva de las mayorías sociales desear la inestabilidad social y económica sea tomar responsabilidad ante la situación si ello supone una arremetida más salvaje del capitalismo, la proliferación de las mafias y el saqueo aún más agresivo de los bienes públicos. No ha existido un solo colapso amable en la historia de las civilizaciones: en todo caso, lo que han hecho la escasez y el hambre ha sido abrir las puertas a escenarios sociales aún más peligrosos. En situaciones de desbordamiento es más probable que la violencia empeore y las situaciones de brutalidad social se multipliquen. La disolución de la Unión Soviética es tal vez el testimonio histórico más próximo con el que contamos, y una muestra de hasta qué punto puede llegar el sufrimiento del pueblo.

El régimen de guerra aleja aún más cualquier tipo de sueño de liberación por medios revolucionarios en el imaginario colectivo, y explicita el camino que elegirán las oligarquías internacionales para la futura distribución de los recursos. La rápida ampliación del ejército europeo, el auge de la militarización y las amenazas públicas en torno a los devastadores recursos nucleares destierran la idea de una transición ecológica amistosa del campo de lo probable. La cuestión, por lo tanto, no es tratar de impedir el colapso de las economías industriales modernas, sino detener el proceso de barbarie ecosocial que va ligado a ellas y en el cual pueden florecer fascismos de distinto pelaje a corto y medio plazo. Pues el capital tiene que hacer frente al desafío de proveer de recursos cada vez más escasos a poblaciones cada vez más numerosas, así como encarar el notable encarecimiento de las condiciones de producción y reproducción del trabajo. También tendrá más dificultades para crear y mantener a las clases medias. Expresado en términos marxistas, en un planeta que ya está *lleno*, poner en marcha nuevos procesos de *acumulación de poder y capital* es tomar un camino que nos lleva de cabeza hacia el conflicto.

¿Protegerán las sociedades occidentales a las fuerzas políticas y sociales que garantizan su comodidad material? El ecofascismo sí que cuenta con el tesón necesario en su ansia por conservar a toda costa los limitados privilegios de la clase media, aunque a cambio de su prosperidad tenga que condenar al resto de pueblos al chabolismo. He ahí su atractivo, y también la amenaza que supone.

Lo ocurrido en Gipuzkoa con el sistema de recogida de residuos puerta a puerta puede darnos algunas pistas a la hora de pensar en la facilidad con que las sociedades son capaces de defender estas tesis[13]. La sociedad que se cree con derecho a tirar la basura cuando quiera, como quiera y en la cantidad que le parezca opondrá una gran resistencia contra las iniciativas que se quieran tomar en pos de la transición ecológica. Si pedir un esfuerzo tan mínimo fue capaz de provocar semejante ira

---

13. Durante la legislatura 2011-2015 se propuso en diversas localidades guipuzcoanas instalar el sistema de recogida de residuos puerta a puerta. En dicho sistema, se clasifican los residuos según el calendario semanal y tipo de residuo, de manera que se obtienen grandes resultados de reciclaje y se se avanza hacia objetivo de cero residuos. Sin embargo, al requerir un esfuerzo colectivo y cierta incomodidad personal, dicho sistema de recogida recibió una fuerte oposición política y mediática, que argumentaba que este venía de forma impuesta, generando suciedad e incomodidad entre la ciudadanía. En muchos pueblos se tuvo que frenar la iniciativa, lo que hizo que se redujera significativamente la tasa de reciclaje y abrió la vía a la construcción de la incineradora de Zubieta.

social, una ira que los medios de comunicación instigaron proclamándola a los cuatro vientos, podemos inferir que sí se dan las condiciones necesarias para aceptar el marco del régimen de guerra en caso de que reduzcan nuestra *libertad* de consumo cotidiano. Dicho de otro modo: amplios sectores sociales podrían elegir la vía ecofascista en la creencia de que así *salvarán* sus situaciones económicas y a sí mismos. Al fin y al cabo, las sociedades europeas no siempre se han decantado a favor de la vida: la historia del siglo XX ha dado buena muestra de la magnitud de la fuerza seductora que posee el erotismo de la destrucción, la osadía y el fragor de la guerra.

Conscientes del cariz dramático de esta línea de pensamiento, y recuperando el optimismo gramsciano de la voluntad, no es un ejercicio vano poner sobre la mesa una imagen atractiva de la utopía ecosocial, o, al menos, no podemos pintarla como una imposibilidad absoluta. Una sociedad que viva en el pueblo, integrada en unas ricas vidas comunitarias, arraigada en el territorio, con una autonomía material alta, que cultive la vida cultural y espiritual en profundidad y que viva en armonía con el entorno. Una forma de sociedad que pueda reproducir vidas más tranquilas, más pausadas, pero más felices. Imaginar y cuidar la utopía es una tarea importante, pues también a nosotros nos corresponde trabajar la capacidad de seducción y crear narrativas sólidas deseables por las mayorías sociales.

El ejercicio no consiste en contraponer una utopía salvadora a una situación caótica; esa sería una estructura narrativa demasiado simple. El ejercicio, en este mundo que empieza a quedarle pequeño al capitalismo, consiste en tratar de imaginar qué caminos se pueden abrir ante el agotamiento de esta era, inspirar la elección siempre precaria de nuevas sendas, establecer las condiciones narrativas para la reestructuración cultural. Análisis certeros y soluciones creativas: esa es la receta con la que se han conseguido las cosas más bellas de la historia social y política.

Y, sin embargo, florecieron

> Bultza hainbat borroka ederren martxari
> kontrapisu eginaz eskuin balantzari
> txapela bete indar mingaina dantzari
> borroka irabazteko desesperantzari.
>
> MAIALEN LUJANBIO

Brotar del lodo

A comienzos de 2019 quedó patente que una de las opresiones en el núcleo de la crisis ecosocial es la que sufrirán las generaciones futuras. En la onda del eco que se hicieron los principales medios de comunicación del mensaje de la activista climática Greta Thunberg, vimos movimientos formados principalmente por jóvenes y estudiantes echándose a la calle, miles de personas llenando las plazas de las capitales europeas[14]. El hecho

14. Podríamos preguntarnos por qué no estalló ese movimiento en Euskal Herria. A pesar de la potencia y amplitud de la ola que bañó Europa, son otros vientos los que impulsan los molinos emocionales de los movimientos populares de Euskal Herria. Mi sospecha es que por su historia política y social, los factores internos tienen más influencia: hemos activado una especie

de que la primera experiencia en la socialización política de muchos jóvenes haya sido a través del ecologismo dice mucho de cuál será el principal choque de este siglo. La crisis ecológica tiene mucho que ver con las expectativas creadas por cada generación. La trayectoria biográfica es importante, pues no es lo mismo encontrarse en el otoño de la vida que en su primavera. En su socialización política de juventud, cada generación desarrolla una sensibilidad más profunda hacia las estrellas que más hayan brillado en la constelación de las luchas del momento. En otras palabras: nuestro pensamiento político va más marcado por la lucha o el tema político que nos fascinó de jóvenes que por los temas que abordamos en la madurez.

Así pues, también es importante tener una comprensión detallada de los tiempos a la hora de hacer frente a la crisis ecológica. Jorge Riechmann afirma que desarrollar una mo-

---

de dique colectivo para bloquear las olas procedentes del exterior. Esto también tiene sus aspectos positivos, puesto que soberanía y autonomía significan, por un lado, que en última instancia nosotros decidimos qué luchas activar y cuándo. Aun así, la otra cara de la moneda es la imposibilidad de conectar con las corrientes internacionales. En esta cuestión, que exige fijar el campo de batalla a nivel global, sufrimos una carencia importante. Me atrevería a decir que, por la posición central que ha tenido el movimiento de liberación nacional, también a este le corresponde ser el impulsor de estos otros movimientos en nuestro territorio, de modo que pueda coordinarse con las corrientes que soplan desde el otro lado de los Pirineos.

ral de proximidad nos es intrínseco, que entre quienes formamos parte del mismo grupo sociológico desarrollamos formas relacionales con unos mínimos de respeto y dignidad. El desafío ecológico exige que hagamos un ejercicio de ampliación de esa moral, que nos aventuremos más allá de los límites del grupo (ya sea un Estado-nación, un grupo identitario o cualquier otro *nosotros*), y no solo con todos los seres vivos que habitan hoy el planeta Tierra, sino también con los que están por venir.

Hay que mencionar la brecha generacional que existe a la hora de interpretar la crisis ecológica. La estructura demográfica de Europa y Euskal Herria acelerará el envejecimiento de la población en los próximos años, y es de esperar que este proceso demográfico conlleve un problema sociológico estructural. De hecho, se podría argumentar que alguien que tiene un futuro por construir y alguien que se adentra en los últimos años de su vida no van a interpretar la crisis ecológica de la misma manera. Para el primero será una crisis existencial de máxima urgencia, un injusto robo de su futuro; el segundo, por su parte, podría expresar preocupación pero considerarlo un problema que no es cosa suya gestionar. El envejecimiento generalizado de la sociedad conlleva que esta adopte actitudes más conservadoras, que titubee en la realización de reformas o transformaciones profundas. La esperanza, la fuerza, el dinamismo y las ganas de construir son características que han solido asociarse a la juventud, y la transición ecológica necesitará de todas ellas en grandes cantidades. Ojo, no estamos diciendo que haya que excluir al resto de grupos sociales por su edad, mucho menos que haya que dejarse llevar por una tramposa mitificación moderna de la juventud. Lo que decimos es que, sin las generaciones jóvenes, no hay sujeto transformador ecologista en unas sociedades que dan la espalda a los jóvenes de forma sistemática.

Desde una perspectiva más psicosocial, podemos añadir que es en la juventud cuando se buscan y arraigan los puntos de referencia identitarios con los que existimos en el mundo. La época en la que nuestra subjetividad se cincela más a fondo suele abarcar desde nuestra adolescencia hasta los primeros años de juventud: es entonces cuando estamos más abiertos, más animados, con más ganas; es entonces cuando somos la arcilla que tomará nuevas formas. Sin embargo, en las sociedades capitalistas que fomentan formas de socialización dedicadas al consumo, esa construcción de la identidad se da sobre patrones de consumo concretos, con vistas no tanto al placer que podemos obtener de ese consumo material, sino a nuestra apropiación de su valor simbólico. Basta echar un vistazo a las redes sociales para darnos cuenta de nuestro deseo de construir un «yo» maravilloso a base de fotos de islas o países exóticos, mensajes y canciones, más que ante los demás, ante nosotros mismos. ¿A quién hablamos en Twitter o Instagram si no es a nosotros mismos?

Si esas prácticas que distan mucho de ser sostenibles aportan los pilares para esa identidad que buscamos construir, nos enfrentamos a una peliaguda dificultad sociológica, puesto que el reto ya no solo consiste en reducir el consumo material y energético, sino en transformar unos modelos de construcción de la identidad muy resistentes a la transformación. Es imprescindible influir en esos procesos identitarios que se inician en la juventud para aportar las condiciones sociológicas necesarias que construyan «yoes» más sostenibles, más colectivos y menos narcisistas. La mejor forma de hacerlo, más que proponer un viaje interior personal (cuya importancia no negamos), es poner en marcha el proceso de construcción de un sujeto ecologista transformador, empapar de una toma de conciencia ecosocial a las generaciones jóvenes en plena socialización política, dotar de sentido una elección que es tan política como personal; en resumen: dar herramientas para bloquear la producción del deseo de un consumo voraz. En ese sentido, la línea de pensamiento iniciada por Lur Albizu y Eraitz Saez de Egilaz (2022) en torno a la potencia transformadora del deseo se puede aterrizar claramente en el ámbito de la transición ecosocial. Los deseos se crean y se contagian dentro de los procesos sociales, pero para ello es imprescindible desear y emocionarnos hoy de un modo diferente, disputarle el terreno a la máquina social que produce constantemente el deseo consumidor.

Del mismo modo, el desafío que tenemos como generación es formar una colectividad que albergue la cuestión ecológica en su centro. En ese proceso tendrán que contribuir el sistema educativo, distintos espacios contraculturales (gaztetxes, espacios autónomos), los movimientos vecinales o la presencia en distintas redes sociales. Aparte de este ejercicio cultural de autolimitación, la transición ecológica exigirá dedicar las mejores habilidades de la sociedad a esta tarea: necesitaremos agricultores y ganaderos jóvenes que se dediquen a la producción agroecológica de alimentos[15]; ingenieros que piensen en las opciones de energía renovable que ofrece cada territorio; legisladores que constituyan códigos de derecho ecologistas; arquitectos que diseñen viviendas energéticamente eficientes y habitables para las mayorías sociales; emprendedores económicos que se desarrollen en modelos de negocio basados en perspectivas socioecológicas.

¿Cómo lo conseguiremos? Hará falta intervención local, así como planes a nivel nacional y programas coordinados internacionalmente, pues las manifestaciones de la crisis ecológica son globales. El error es pensar que con llegar a la dirección del Estado ya lo arreglaremos todo, sobre todo teniendo en cuenta que somos una nación sin Estado propio y que lo máximo a lo que podemos aspirar en las circunstancias políticas actuales es llegar al gobierno de una comu-

15. Cabe mencionar que, en la vía a la soberanía alimentaria, el impulso que necesita el primer sector solo puede provenir de las generaciones jóvenes, y que esto está estrechamente ligado a la transición ecológica, puesto que, además de reubicar la economía, también daría pie a unas vidas más tranquilas y respetuosas con los ciclos de la naturaleza, y a productos más saludables. Facilitar el acceso de los agricultores y ganaderos jóvenes a la propiedad de la tierra significa soberanía política, junto con la transformación del entorno a uno más cuidado y sostenible. Pocas cosas hay más estratégicas que ser un pueblo capaz de alimentarse a sí mismo. Tasio Erkizia (2021) explora en mayor profundidad las diversas aristas del tema.

nidad autónoma[16]. Debemos ubicar el impulso ecosocial de las generaciones más jóvenes y las iniciativas promovidas desde las instituciones en la misma dirección, buscando la máxima sinergia posible. Desarrollar atractivo cultural e intelectual desde los espacios de contrapoder es indispensable para poder construir identidades colectivas con convicciones ecosociales fuertes.

El ecologismo popular, en la estela del decrecimiento

En los últimos años, el concepto de decrecimiento, ya longevo en el campo del ecologismo, ha

---

16. En este punto es conveniente hacer un matiz en la relación entre la transición ecológica y la soberanía estatal. No es nueva la hipótesis que afirma que la crisis ecológica global hará inviables las estructuras políticas de gran envergadura, y que eso podrá ofrecer una oportunidad material a la soberanía de los pueblos y las realidades político-nacionales de menor tamaño. Si bien es una idea totalmente en línea con la aspiración de Euskal Herria a la soberanía política, deberíamos manejarla con cuidado, pues corremos el riesgo de convertirla en un canto de sirena, al igual que los marxistas de antaño creyeron que el capitalismo caería por el propio peso de sus contradicciones. Puede ser que los vientos de la historia soplen a favor de unas estructuras más descentralizadas, o puede ser que proliferen las vías más autoritarias hacia una acumulación más centralizada del poder. Lo que es seguro es que nos tocará jugar en el terreno de las dialécticas complejas y siempre precarias entre las dos posibilidades.

irrumpido de lleno en diversos debates políticos. Algunos argumentan que el decrecimiento es un concepto demasiado flojo como para utilizarlo con fines políticos, que no despierta el deseo. Quizás deberíamos definirlo con más precisión, planteando el decrecimiento, más que como una voluntad política, como una sentencia; es decir, no cabe duda posible de que nos dirigimos hacia modelos de sociedades y economías que decrecerán de forma material y energética. La adaptación de los límites que marca el planeta va a ocurrir por pura ley de la física. Así que el decrecimiento global de materiales, la contracción de la economía mundial, es inevitable: otra cosa es el uso político que se le dé, en qué ámbito discursivo se introduzca o cuándo será más adecuado utilizarlo; pues es importante preguntarnos qué sensaciones nos provoca el decrecimiento, cómo se percibe socialmente y si sirve para construir unas mayorías sociales ecologistas. Quizá sea más inteligente optar por la resignificación del crecimiento en un relato que sugiera que podemos vivir mejor con menos. En cualquier caso, hacer trampas al solitario no sirve de nada: es esencial contar con un diagnóstico compartido de la realidad material más frugal.

Sabemos bien cuál es la primera pregunta que nos viene a la mente cuando pensamos en la cuestión del decrecimiento: ¿quién tiene que decrecer exactamente? El grado de responsabilidad de los países imperiales occidentales en la crisis ecológica no es el mismo que el de aquellos que ocupan una posición subalterna en el sistema capitalista mundial. El pasado colonial, la ingente cantidad de recursos extraídos a otros países o las emisiones históricas de gases de efecto invernadero a la atmósfera establecen unas notables diferencias entre bloques geopolíticos. Se podría pensar que la Unión Europea está allanando el camino, que el famoso Nuevo Pacto Verde, los bonos verdes o el hecho de que Alemania haya dado la espalda a la energía nuclear son claras muestras del rumbo que ha tomado. Sin embargo, la competición entre Estados es encarnizada: nadie quiere descarbonizar su economía más que el de al lado si eso supone una hipotética pérdida de poder. He ahí uno de los obstáculos más complicados de la transición ecológica internacional: la competición inagotable entre bloques geopolíticos.

En ese terreno de juego, veremos a unos EE. UU. debilitados amenazando a todo aquel que desafíe su posición hegemónica en el mundo; veremos a China diciendo que desarrollará energías renovables solo si dan un rendimiento comparable al de los combustibles fósiles[17]; veremos a la Unión Europea declarando como verdes el gas y la energía nuclear; veremos la guerra en Ucrania, y que en la reconfiguración del orden mundial nadie tiene pensado perder su posición aún si eso significa subir dos grados la temperatura del planeta.

Al igual que las diferencias entre los principales Estados, la perspectiva de clase es una de las variables fundamentales a la hora de pensar en el decrecimiento. Difícilmente podemos equiparar a los señores del capitalismo, con sus sueños de soluciones tecno-utópicas, viajes espaciales o búnkeres de lujo, al resto de ciudadanos, ya sean de las clases medias o de las populares. Con todo, es evidente que el imaginario deseable que se ha asociado a la clase media en las sociedades occidentales dista mucho de unos modos de vida cimentados en la ecolo-

---

17. En los últimos años, China ha utilizado las energías renovables como complemento a las energías fósiles y ha expresado la intención de seguir así hasta 2060. Al mismo tiempo, China es el agente mundial que más ha invertido en renovables, con un 30 % del total de la inversión global entre 2015 y 2018 (López y Martínez, 2021). Con las inversiones realizadas en África y Sudamérica, tiene bajo su control el mercado de las baterías de litio, así como de otros cuantos minerales preciados. En esencia, lo que le ha dicho al mundo es: «Si vamos a por las energías renovables, de acuerdo, pero los suministros son nuestros».

gía, con una segunda vivienda en la costa, tres coches por familia, viajes a cualquier parte del mundo un fin de semana de otoño cualquiera, las comilonas con la cuadrilla, las fanfarronerías de sábado noche entre amigos a golpe de tarjeta de crédito o las operaciones mensuales de renovación de armario. El grupo que se ha impuesto sociológicamente en Euskal Herria, como en todo Occidente, por su propia autopercepción, ha sido la clase media y, con ella, su forma de vida. Conocemos los datos: en el año 2019, hacían falta 2,5 planetas para regenerar lo consumido en un año por cada habitante de la CAV.

Se podría argumentar que las clases precarias y desposeídas se encuentran en una posición distinta en calidad de creadoras de la crisis socioecológica; que lejos de imitar las prácticas de la clase media, deben llevar una forma de vida más pobre y austera y, por lo tanto, más sostenible desde el punto de vista ecosocial. Sin embargo, en contra de lo que se podría pensar, las investigaciones indican que también a los sectores más precarios de nuestra sociedad se les asigna un nivel de consumo correspondiente a más de dos planetas. Espoleada por la ley del círculo vicioso de la precariedad, una persona que tenga pocos ingresos, pero al mismo tiempo quiera tener acceso a la sociedad de consumo (no olvidemos que ese es nuestro mayor paradigma civilizatorio y fuerza socializadora), recurrirá a productos baratos, ya sea ropa, vuelos *low-cost* o puestos de comida rápida. Por cómo funciona el capitalismo global, sabemos bien que, para reducir los costes de esos productos baratos, las empresas se sirven de la extracción salvaje de los recursos naturales o de altas tasas de explotación laboral. Ryanair, por ejemplo, ofrece vuelos casi gratis al tiempo que acumula conflictos laborales. La carne de las franquicias de comida rápida suele proceder de animales de macrogranjas cebados en condiciones lamentables, símbolo de la insostenibilidad. Lo mismo podría decirse de las cadenas de ropa como Primark, Zara o Inditex: la ropa es barata, sí, pero a costa de la trabajadora de Bangladesh, India o Vietnam que sufre durísimas condiciones de producción. Así pues, esa hamburguesa barata, ese billete de avión o ese jersey de moda se consiguen a un alto precio social y ecológico, lo cual agrava el impacto medioambiental de las clases más precarias. El resultado es evidente: si ponemos la perspectiva ecosocial en el centro, lo que hay que cuestionar es el patrón civilizatorio moderno, construyendo la autonomía de las cadenas globales de consumo y valor y desarrollando modelos de producción desplazados hacia criterios socioecológicos. En otras palabras, la sociedad basada en la distinción de clase y el modelo de civilización industrial moderno van de la mano, se retroalimentan. Es difícil casar el gigantismo energético e industrial con la igualdad.

De todos modos, nos conviene hacer una matización entre las estructuras de clase de nuestra sociedad y las estructuras que crea el orden capitalista mundial, aunque estén relacionadas. El sociólogo Mike Davis investigó cómo en el caso de Los Ángeles, en las urbanizaciones de clase media-alta de la ciudad, los hombres blancos, trajeados y de mediana edad hacían uso privado del coche para desplazarse a cualquier parte, hasta tal punto que incluso la configuración urbana estaba organizada en torno a él. Por el contrario, daba el ejemplo de la mujer mexicana migrante, que se desplaza en transporte público y se limita enormemente en sus prácticas de consumo para poder enviar parte de los ingresos que obtiene a su familia. Es evidente que el impacto ecológico de esas dos posiciones de clase es muy distinto, y que, en caso de que alguien tuviera que decrecer, la tarea les correspondería a los hombres de corbata que conducen coches elegantes. Sería interesante hacer más investigaciones desde esta mirada en Euskal Herria y poner más datos sobre la mesa, clasificados por clase social, género y edad. Pensar que pueden existir diferencias similares entre una mujer africana que vive en un barrio obrero de Bilbao y se desplaza en transporte público y un empresario/ejecutivo de Neguri no es un mero ejercicio especulativo. La pregunta, por tanto, es: ¿cómo hacemos para que decrezca ese sector social? La respuesta, como siempre, no es mágica: conflicto, fortalecimiento del movimiento popular y generación de poder político.

Asimismo, deberíamos hacernos otra pregunta central, una que no nos conviene perder de vista: *¿qué* vamos a decrecer, exactamente? No todos los sectores productivos son responsables en la misma medida, y nuestras sociedades tienen carencias descomunales en esos ámbitos que siempre han querido dejar al margen: los cuidados, la educación, la salud, la cultura. Los principales responsables de las emisiones, en cambio, son el capital fósil y los sectores relacionados con este: la industria armamentística, la automoción, la industria agroalimentaria... Más que un decrecimiento equilibrado y proporcional en todos los ámbitos, tenemos que pensar en decrecimientos selectivos. Es más, hay que posibilitar la defensa del crecimiento de algunos sectores: el trabajo de cuidados, la educación, la salud, la cultura... Precisamente los campos indicadores del bienestar de una sociedad y del desarrollo humano.

La hegemonía ecosocial: un llamamiento a la planificación

Pero ¿cómo poner en marcha con éxito una operación político-social centrada en la perspectiva ecosocial? ¿Cómo activar los mecanismos de seducción ante la sociedad para que se nos vea como una alternativa factible y viable? ¿Cómo convertirnos en timoneles del barco, al cargo de la dirección intelectual y cultural de la sociedad para legitimar un orden social y económico ecologista?

No sabemos qué postura adoptaría Gramsci ante la crisis ecosocial ni lo que pensaría sobre la cuestión. Lo que sí sabemos es que el ecologismo político ha estado posicionado en el antagonismo social desde su nacimiento, y que de momento no ha sido capaz de articularse como un bloque histórico efectivo. Para que el ecologismo desempeñe un papel en la vida social y política, es imprescindible que aborde la pregunta en torno al poder social y la hegemonía.

En ese sentido, además de unos partidos políticos y movimientos populares bien organizados –que sean capaces de dar golpes decisivos cuando sea necesario–, para llegar a liderar la sociedad hay que pasar obligatoriamente por la criba de la lucha cultural. Como dice Félix Guattari, «Sin transformación de las mentalidades y de los hábitos colectivos, solo habrá medidas de "reajuste" concernientes al entorno material» (Guattari, 1996). Lograr un liderazgo cultural centrado en la perspectiva ecosocial supone que el ciudadano común se identifique con prácticas ecologistas; supone que muchas conductas ligadas al consumo ilimitado se vuelvan condenables a ojos de la sociedad. Por ejemplo, si un amigo, actuando de buena fe, cogiera un vuelo de fin de semana de Loiu a Londres para comprarse lo último en moda, deberíamos ser capaces de decirle: «Oye, lo que has hecho no está bien, les estás arruinando la vida a los que vienen después».

En esencia, hablamos de la construcción de la subjetividad ecosocial de forma que sea elegida como la forma más civilizada, sensata y razonable de estar en el mundo. Ya sabemos que no podemos cumplir el sueño revolucionario del «hombre nuevo» guevariano, pues la materia prima del ser humano es la que ha sido siempre, con sus carencias y talentos. Las experiencias socialistas del siglo XX nos han enseñado la imposibilidad de reconfigurar por completo la psique humana. Lo que sí se puede hacer es adaptar algunas dinámicas sociales consumistas que dotan de sentido a la identidad, al igual que puede construirse el deseo desde formas de vida más tranquilas. La forma más justa de actuar con los demás hoy en día es tener la mochila lo más vacía posible o, como diría Pepe Mujica, andar liviano de equipaje.

Una de las fuerzas socializadoras más importantes de las últimas décadas entre las clases medias urbanas de Euskal Herria ha sido la acumulación de propiedad y la vida en una cultura de prácticas de alto consumo. Las toneladas de basura que se generan en las fiestas de nuestras ciudades noche tras noche a lo largo de una semana –también en las txosnas– quizás sean la muestra más clara de nuestro consumo desenfrenado. Tal vez los ríos Nerbioi y Arga nos puedan contar cuál es el precio de la euforia consumista que se adueña de nosotros cada verano, cómo hallamos placer en los espacios que legitiman el alto consumo y lo interiorizadas que tenemos esas pautas de socialización. En el sistema social vasco moderno, la tónica general es actuar como si los límites no existieran, también en los espacios del contrapoder, los macroeventos, los festivales o las principales ferias culturales. Más barriles, más carne, más furgonetas, más libros.

En la literatura socioecológica, cuando se plantea la idea de la *simplificación voluntaria* o de la *autolimitación colectiva*, lo que se propone, en el fondo, es liberarnos del yugo que supone conservar la riqueza y la posición social. Se argumenta que, para aferrarse al modo de vida consumidor de la clase media, el individuo debe pagar el precio de llevar una vida alienada, a cambio de librar como mucho los fines de semana para estar con la familia o los amigos, o de pegarse unas pomposas vacaciones en Canarias durante dos semanas en agosto. Según esta perspectiva, librarnos de esas ataduras supondría liberarnos, reapropiarnos del tiempo para vivir, para hacer deporte, para las relaciones de cuidados o para alimentar el alma a través de la cultura. Abandonar la velocidad desquiciada de la sociedad neoliberal y establecer nuestro propio ritmo, más pausado, más tranquilo, satisfechos con menos, pero alcanzando una satisfacción profunda, no inmediata. Un *retorno* a las actividades que nos gustan.

Sin embargo, este enfoque *autolimitante* presenta ciertos problemas en estos tiempos en que hemos de hacer frente a la crisis ecosocial. Posicionarnos en disputa con la hegemonía exige renunciar a desconectar del sistema social y retirarnos a la tranquilidad de nuestro hogar; exige compromiso, horas de militancia, colarnos hasta los pulmones del sistema social, como el caballo de Troya. Por decirlo de otra forma: si nos proponemos tomar el liderazgo del Estado (o Estados) y la dirección cultural de la sociedad[18] como estrategia gramsciana victo-

---

18. En el camino hacia la hegemonía ecosocial, será imprescindible la aportación desde el ámbito vasco creativo con una amplia variedad de escritores, músicos, pintores o bertsolaris. Para fortalecerse, el proceso ecosocial necesitará construir nuevos imaginarios en el campo de la cultura: canciones que emocionen, libros de ciencia ficción que nos describan un futuro ecosocial deseable, bertsos que parodien las vergüenzas de la oligarquía. Creo que la cultura vasca, como cultura subalterna, tiene mucho que aportar a la construcción del bloque ecosocial, expandiendo nuevas formas de ver el mundo, buscando nuevas aristas de transformación y fascinando a amplios sectores sociales, tanto mayores como jóvenes. Asumiendo que el arte y la cultura tienen la capacidad de reformular la realidad estéticamente, es tarea urgente visibilizar y sensibilizar con experiencias bellas alejadas del imaginario fósil. Una explosión creativa donde se relacione una idea de vida buena, rica en su intensidad y valor estético, con un impacto material limitado. La transformación material y la redefinición cultural de una vida deseable, por lo tanto, van de la mano.

riosa, eso también conlleva un grado de alienación, más vínculos, mayor velocidad. Conlleva liarnos a golpes en el terreno inhóspito de la disputa política. Aunque todos y cada uno de nosotros nos autolimitemos, no habrá una transición ecosocial justa si no metemos el codo en el pelotón, si no nos mostramos fuertes colectivamente. Tal y como señala Raul Zelik (2023), un socialismo verde solo será posible cuando se refuercen las infraestructuras colectivas.

Al mismo tiempo, más allá de combatir a la hegemonía en la cotidianidad, hay una palabra que debemos recuperar del almacén de objetos perdidos de la izquierda: planificación. Es hora de desempolvar ese término que tanto ha demonizado la ideología del libre mercado y traerla de nuevo al terreno de juego de la historia. Los autores Troy Vettese y Drew Pendergrass (2022) han lanzado el concepto a las redes del debate ecosocial en su libro *Socialismo de medio planeta*. La tesis principal que defienden con él es que, para impedir la catástrofe climática, las pandemias zoonóticas[19] y la pérdi-

19. Las zoonosis son las enfermedades transmisibles de otros animales a los seres humanos a través de bacterias o virus. La crisis ecológica hace que sea más fácil que se den este tipo de transmisiones, pues la debilitación de los ecosistemas naturales y la pérdida de biodiversidad reducen las barreras naturales que nos protegen de estos patógenos.

da masiva de especies vivas, es absolutamente imprescindible implementar una planificación económica socialista a nivel mundial. Eso sí: solo podríamos utilizar medio planeta, reservando la otra mitad para la recuperación de los bosques y para otros seres vivos. Si bien el aterrizaje geopolítico de la propuesta parece imposible, los autores plantean una premisa interesante al afirmar que *solo* podemos utilizar medio planeta. Las implicaciones que tendría en nuestra vida diaria son evidentes: reducir significativamente el consumo social, decirle un adiós colectivo a la carne y racionar la energía. Por supuesto, no parece que en ninguna de las grandes potencias haya nadie con la voluntad política de abrir la vía a un escenario humanitario semejante.

Sea como sea, recuperar la idea de la planificación nos abre la puerta a abordar una pregunta de la economía política tan antigua como interesante. ¿Cómo nos organizaremos para satisfacer nuestras necesidades? ¿Qué produciremos, de qué manera y en qué cantidad? ¿Y cómo repartiremos la riqueza generada? La respuesta podrá tener miles de aristas y matices diferentes, pero la idea de la planificación resulta irrefutable; sea cual sea la senda que se quiera tomar, siempre hará falta planificar.

Una planificación en plena crisis ecosocial conlleva pensar dónde y cómo desarrollaremos las energías renovables, manteniendo el equilibrio de los territorios y, si es posible, estableciendo relaciones de igual a igual entre la ciudad y el entorno rural. Conlleva apostar decididamente por ciclos económicos locales y regionales, evitando el transporte a larga distancia y favoreciendo la soberanía hacia los procesos de producción y consumo. Supone empujar a las empresas estratégicas hacia los objetivos establecidos por el Estado. En otras palabras: supone la disciplina de la burguesía nacional. Planificar también significa poner límites al consumo privado; establecer prohibiciones al ciudadano, como restringir el uso de vehículos privados, o fijar objetivos para la multiplicación de la producción agroecológica en pocos años.

Pero en este punto llegamos a una realidad tan cruda como desafiante: para hacer realidad las planificaciones económicas trazadas en el papel sobre bases ecosocialistas, hay que desarrollar poder político. El llamamiento a un Estado propio cobra aún más sentido en esta época histórica en la que tendremos que hacer frente a la crisis ecosocial.

El filósofo Wolfgang Harich puso sobre la mesa un plato ideológico difícil de digerir para cualquiera con una ideología progresista: si queremos aunar la justicia social y las sociedades ecológicas, la necesidad de un Estado centralizado y coercitivo es inevitable (Harich, 1975). Según el autor, para hacer girar la rueda del desafío ideológico era fundamental la existencia de un Estado fuerte que llevara en las venas la idea de la justicia social y al que no le temblara el pulso en caso de tener que recurrir a métodos punitivos. En resumidas cuentas, su tesis era la siguiente: difícilmente es posible una sociedad que vaya a menos, pues, si no se cuenta con la capacidad de instaurar leyes estrictas y ejecutarlas, hacen falta altos niveles de control y disciplina social. Según esta perspectiva, habrá ocasiones en que el orden social ecologista tendrá que vestirse de autoritarismo.

No es un debate estéril, pues incide de lleno en la idea de los regímenes democráticos y la necesidad imperativa de ganar las elecciones. ¿Es posible en los regímenes democráticos una forma de sociedad y economía que aplique criterios ecológicos en una era en la que las tesis ecologistas carecen de atractivo? ¿Cómo se pueden ganar las elecciones diciendo que nos dirigimos hacia un empobrecimiento generalizado? El ejercicio de autolimitación colectiva que se llevó a cabo en Cuba durante el Periodo Especial ha fascinado al ecologismo internacional, pues se hizo realidad gracias a unas extensas operaciones de justicia social y redistribución. Pocas veces se menciona que ese proceso lo posibilitó un sistema político monopartidista (Santiago Muiño, 2017). El proyecto necesitó de ambos elementos: una clase dirigente empapada de sensibilidad social y ética redistributiva y una gran potencia ejecutiva. Sin esa fuerza de legitimación de la revolución ante las clases populares, marcar un rumbo ecosocialista difícilmente les habría permitido hacer frente a aquella época convulsa.

El ecologismo popular europeo se enfrenta al desafío de materializar una transición ecosocial democrática dentro de unos sistemas políticos liberales, en unos países en los que la idea de la libertad individual burguesa cuenta con una arraigada tradición histórica. «¿Cómo que no puedo usar el coche o que no puedo coger un avión cuando yo quiera? ¡Estás coartando mis libertades!», podremos escuchar una y otra vez en efectivas ofensivas mediáticas. El propio José María Aznar dijo que no le gustaba nada oír que no podía beber vino si iba a conducir. Aunque sea paradójico, en ese marco es la derecha la que se alza como defensora de la libertad, y la izquierda, como un padre amargado que regaña a su hijo constantemente: «No hagas esto, no hagas lo otro...».

Por eso es tan necesario librar la batalla del sentido común, pues establece un sistema de valores más allá del control legal. De hecho, si queremos una reproducción sostenible de la sociedad, urge construir una estructura moral que le sirva de base. En esencia, el camino serpenteante que debe tomar la izquierda ecosocial es el que consiga que las personas acepten vivir en un orden social ecologista desde su propia convicción, para que la sientan como una decisión libre tomada desde la afectividad, y no como una imposición externa. Pues en Europa occidental no existe ninguna clase dirigente que lleve en las venas la idea de la justicia social, ni estructura estatal que utilice la fuerza ejecutiva a favor de las clases populares. Dicho de otro modo: en el rumbo que deben tomar las sociedades para que la perspectiva ecosocial tenga un papel relevante en Europa y, por extensión, en Euskal Herria, cada ciudadano ha de apostar a favor del bienestar colectivo en calidad de persona adulta, racional e informada.

Podría argumentarse, sin embargo, que los procesos sociales encuentran más alimento en el terreno de las emociones que en el de la razón. Poner en marcha un proceso que provoque emociones positivas y contar con un diagnóstico ecosocial preciso son dos objetivos que deben cumplirse al mismo tiempo, sin contraponerse. Si la transformación ecosocial no nos enciende algo por dentro, si no es capaz de crear un mínimo de erotismo, de utopía colectiva, habrá amplios sectores de la sociedad que no se acercarán a este sendero de la historia. Es por ese motivo por lo que las soluciones razonadas o planificadas para la crisis ecológica tienen que ir de la mano de los sueños de la revolución social, de la generación de deseo, retroalimentándose y abriendo vías para canalizar las emociones sociales. He ahí uno de los pilares principales de una transición victoriosa.

Pues, de lo contrario, sabemos el escenario que nos aguarda. Tenemos testimonios históricos: cuando un capitalismo en deflación produce miseria para las clases trabajadoras y populares, cuando se inicia el desclasamiento de las clases medias, las fórmulas cognitivamente simples tienen vía libre hacia el núcleo nervioso de la sociedad. Ante situaciones de crisis, en lugar de llevar a cabo procesos de pensamiento complejo, se busca un sujeto, uno culpable, en estructuras narrativas simples. Esto da pie a procesos sociales que allanarán el camino a la hostilidad, la desconfianza y la violencia, y normalmente multiplicarán la estigmatización y las acusaciones de culpabilidad que recaerán sobre los grupos sociales minorizados. Esa fue la enseñanza política de la década de 1930. Impedirle el paso al ecofascismo consiste en gran medida en desactivar esas narrativas simplistas que se crean ante la complejidad y activar otros horizontes emocionales y sociales. Si eso se interpreta como una imposición externa y un constreñimiento de la libertad, las próximas páginas de la historia podrían teñirse de colores reaccionarios.

Transición industrial y conflicto de clase ecosocial

Como reconoció Andoni Ortuzar en una famosa emisora de radio española, al hilo de la negociación del concierto económico, «el poder económico es poder político». Según sus tesis, cuanto más fuerte sea la Comunidad Autónoma Vasca en lo económico, más capacidad tendrá de ejercer presión en lo político. Visto el juego de los equilibrios de poder y el funcionamiento de la economía capitalista, cualquiera que hiciera un rápido ejercicio de *realpolitik* compartiría la reflexión del presidente del PNV. La fuerza económica siempre es la fuente del poder político. La pregunta es: ¿cómo podemos construir una fuerza económica ecosocial que nos empodere políticamente?

La respuesta a esa pregunta contiene ciertos problemas entretejidos en el terreno de la perspectiva ecosocial. Para empezar, es difícil combinar la desaceleración generalizada que requiere la economía ecológica con la construcción de un poder económico alternativo, pues las leyes del rendimiento que fija la economía capitalista son muy estrictas. Dicho de otro modo, ser éticos con la naturaleza y las comunidades, al tiempo que somos competitivos en los mercados internacionales, es una ecuación difícil de resolver. A esto se le puede añadir el hecho de que la crítica clásica que el ecologismo político ha hecho del productivismo, el crecentismo y la fascinación con la tecnología condiciona desde el inicio la posibilidad de poner en marcha cualquier proyecto económico ambicioso.

Sea como fuere, en esta Euskal Herria industrial, pese a que sea un problema con muchas aristas, debemos invertir nuestras fuerzas en la creación y el fortalecimiento de una red económica alternativa. ¿Qué vamos a hacer si se pierden los miles de puestos de trabajo que crea la automoción? ¿Tendremos alternativas disponibles? ¿Qué les diremos a los trabajadores con empleos contaminantes? ¿Que se van al paro? Yo diría que construyendo poder económico en colaboración con los trabajadores podemos acercarnos a posibles respuestas a esas preguntas. Podríamos poner el ejemplo del estudio realizado por el filósofo político Antoni Domènech en torno a la socialdemocracia alemana: en él describe la materialización de la teoría «de los dos mundos» entre finales del siglo XIX y principios del XX, la forma en que el movimiento obrero logró una autonomía económico-social absoluta con respecto a la economía burguesa, creando puestos de trabajo, viviendas, asociaciones culturales o escuelas para las clases populares. En cierto modo, este movimiento organizó el contrapoder popular, tanto en el sentido cultural como en el material.

> A comienzos del siglo XX, un miembro de la SPD podía aprender las primeras letras en una escuela socialdemócrata, aprender las

> segundas y hasta las terceras letras en una universidad popular socialdemócrata [...] no leer otra cosa que diarios, revistas y libros salidos de excelentes imprentas socialdemócratas, discutir esas lecturas con compañeros de partido o sindicato en cualquiera de los locales socialdemócratas, comer comida puntualmente distribuida por una cooperativa socialdemócrata. (Domènech, 2019: 184).

Esa organización de la autonomía económica posibilitó a la socialdemocracia alemana, entre otras cosas, alcanzar un significativo poder político y tener un peso nada desdeñable en la sociedad alemana. Por supuesto, con la prudencia que exige la distancia histórica, sabemos que en las condiciones sociales actuales no podríamos repetir los mismos esquemas. Lo que sí podemos hacer es extraer algunas enseñanzas para entender la importancia de la autonomía material. Por decirlo de otra forma, del mismo modo que es esencial disputar la batalla cultural ecosocial y el sentido común de la sociedad, es igual de importante no darle la espalda a la cuestión del poder económico. De lo contrario, como muchas investigaciones sociológicas han demostrado, el hombre blanco occidental que ha perdido su puesto de trabajo y posición social puede tender a defender tesis autoritarias.

Para que eso no ocurra, es preciso trabajar y desarrollar cooperativas propias, fomentar las fábricas que produzcan dentro de criterios ecológicos, impulsar las empresas públicas que actúen a favor de la energía limpia... En suma: empoderar a las clases trabajadoras y populares, mostrándoles que es posible proponer alternativas factibles en el terreno de la experiencia. De ese modo, en lugar de condenar al desempleo a los miles de trabajadores de los sectores gobernados por el capital fósil, estaríamos creando un tejido económico alternativo al tiempo que libramos la lucha cultural. Por tanto, uno de los mayores desafíos que se nos presentan como pueblo industrial consiste en tejer una red socioproductiva alternativa que ofrezca una salida a miles de trabajadores industriales.

Un caso muy inspirador entre las iniciativas económicas alternativas emprendidas por redes populares ecosociales es el proceso de recuperación de la antigua fábrica de GKN en el centro de Florencia. Tras la venta de esta empresa productora de componentes de automóvil al fondo buitre Melrose, la patronal quiso despedir a sus 422 trabajadores por correo electrónico un domingo por la tarde. Ante aquel suceso, entendido como un problema que afectaba a toda la región, los movimientos ecologista, feminista y sindicalista y diversas organizaciones de izquierda se unieron con los trabajadores mecánicos del metal de la GKN bajo la consigna de «*Insorgiamo!*». El 9 de julio de 2021 ocuparon la fábrica, que desde entonces se utiliza para poner en marcha iniciativas culturales y procesos de producción fundamentados en criterios ecológicos. El objetivo es crear una fábrica pública y socialmente integrada, de modo que el trabajo forme parte de la vida social y personal en relación directa con la ciudadanía, y no como una esfera completamente autónoma y alienada. En cierto modo, la red popular ha tomado una fábrica que el fondo buitre Melrose quería liquidar para reindustrializarla desde la base, ha priorizado los criterios ecológicos y sociales y ha tratado al mismo tiempo de crear negocios que sean económicamente viables. En palabras de uno de los trabajadores: «Queremos un sueldo, pero al mismo tiempo queremos un futuro para nuestros hijos y para nosotros mismos» (Leonardi y Perrotta, 2022).

En otras palabras: están integrando la solidaridad de clase con la transición ecológica, y han demostrado que las sinergias entre las luchas por la justicia climática y la obrera son muy profundas, respondiendo colectivamente a las necesidades del territorio y de su vida social, reapropiándose del trabajo y demostrándole a la clase obrera industrial que existe otro modo de organizar la industria, más unida al pueblo, no tan alienante y, por qué no decirlo, más vivible. La experiencia de la GKN, además, ha adquirido significado político como modelo para la construcción de un bloque antifascista popular, y en las manifestaciones o acciones públicas que organizan es evidente el espíritu izquierdista-democrático que transmiten.

Hay que decir que una experiencia así no se crea de la nada, y que en el territorio de la Toscana tanto el comunismo como la izquierda autónoma gozan de un rico recorrido histórico, por lo que hay hilos histórico-sociales preexistentes. También en Euskal Herria tenemos mucha experiencia en la tradición de la lucha y la iniciativa popular. La cuestión no es quedarnos absortos en esta tradición de lucha como si fuera un pasado glorioso, como un preciado tesoro que ha de conservarse en el museo de los movimientos populares, sino buscar en él las chispas que puedan encender los fuegos de nuestro presente.

En ese sentido, nos es obligatorio mencionar la experiencia de la iniciativa *Mecaner herriarentzat,* surgida como lucha contra el cierre de la histórica matricería de Urduliz. Ante la amenaza del cierre, diferentes colectivos y sindicatos se movilizaron para evitar la pérdida de los puestos de trabajo y a la vez dar pasos en la transformación productiva que necesita la industria vasca. Como bien señalaron los miembros de la iniciativa popular, la crisis ecológica atravesará la mayoría de los conflictos sindicales y laborales de los años venideros, con lo que una estrategia sindical fuerte que haga frente al rompecabezas ecosocial es más que necesaria.

Pese al mal sabor de boca que dejó la iniciativa, ya que ni la empresa ni las instituciones públicas optaron por invertir en la reindustrialización de Mecaner, esta experimentación de cara a unir la defensa de los empleos y la transición ecosocial nos ha dejado valiosos aprendizajes. Por un lado, se ha visto la importancia de anticipar y socializar el debate en distintos centros de trabajo «con voluntad de poner el cronómetro a favor de los y las trabajadoras». Llegar a procesos conflictivos de intentos de cierre por parte de las empresas con acuerdos de mínimos trabajados anteriormente puede resultar clave para ejercer un contrapoder efectivo. Por otro lado, se ha destacado que la conversación sobre alternativas productivas necesita desarrollarse con tiempo y planificación, para poder así construir espacios de confianza que posibiliten consensos y alianzas. De esa manera, se crearían unas mejores condiciones para la unidad de acción.

Estas experiencias pioneras resultan muy inspiradoras a la hora de plantear movilizaciones y luchas en el terreno industrial. GKN y Mecaner pueden orientarnos en procesos similares, aportando su grano de arena en el frente económico para la fuerza de trabajo industrial. Así pues, la transformación ecosocial exigirá explicar su interpretación y tesis en los medios de comunicación, hacer pedagogía y desmontar los argumentos del ecofascismo, pero también consolidar posiciones materiales en la retaguardia, dando pasos decisivos en el camino hacia la democracia económica.

Del hierro a la marcha de montaña

«El ambiente de crispación de las décadas de los ochenta y los noventa se ajustaba por completo a mi estructura emocional: la sed de justicia, la predisposición a la violencia, la actitud contra toda autoridad, la rabia rebosante, la defensa del territorio a vida o muerte, la necesidad de vengar a los antepasados... La valentía se elogiaba socialmente, y el hecho de sentirme interpelada directa y personalmente por el conflicto era tan natural en mi caso que la sintonía entre las pulsiones internas y externas me creaba una sensación de normalidad casi familiar» (Alberdi, 2017).

Así describe la sensacional pluma de Uxue Alberdi el mundo interior de la protagonista de su libro *Jenisjoplin* (2017). En Euskal Herria hemos pasado décadas viviendo en un clima político-social en el que se han premiado la violencia, el conflicto y la valentía, lo cual ha provocado ciertas estructuraciones políticas y emocionales en la ciudadanía vasca. Trasladándolo a lo que nos ocupa, no está de más preguntarnos, en estos tiempos de crisis ecosocial, cuáles son las estructuras emocionales que combinan con la perspectiva impugnadora de izquierdas.

El conocido antropólogo climático Emilio Santiago Muiño ha señalado que la izquierda ecologista que se siente al borde del abismo y propaga el miedo tiene un efecto paralizante, que una persona atemorizada no es buena compañera de viaje en la aventura de la liberación ecosocial. Por el contrario, Jorge Riechmann defiende que hay que tratar a la ciudadanía como adultos informados, pues es imprescindible contar con un diagnóstico preciso de la situación para después poder tener un impacto político. Tomando en consideración la experiencia histórica de los vascos, quizás sepamos que el miedo y la rabia hacia lo foráneo también pueden tener un efecto movilizador, aunque sea por puro instinto de supervivencia, pues genera al mismo tiempo un sentimiento grupal y de seguridad a nivel interno que dota de cierta cohesión al grupo. Armarse de valor por dentro para poder golpear hacia fuera. No está claro cuáles son los misterios del territorio de las emociones colectivas. Ha habido pueblos y momentos históricos en los que el miedo, la frustración y la desesperanza han sido el alimento de la revolución. Es importante descubrir cómo canalizar emociones positivas en la aventura de la liberación ecosocial, pero no debemos olvidar que, en todos los procesos de liberación, el miedo, la sensación de peligro y la valentía han estado igual de presentes que la esperanza.

Quizás la imagen de una caminata por el monte nos sirva como ejercicio de imaginación para la práctica colectiva que exigen los tiempos. Planificar la marcha, recorrer los senderos que la montaña nos permite, compartir la comida y la bebida entre los miembros del grupo, ofrecer ayuda si vemos a alguien en apuros y subir al ritmo de quien vaya en último lugar, sin prisa pero sin pausa, todos juntos. Además, una excursión al monte nos ayuda a escapar del ajetreo de la ciudad, ralentizar el ritmo de vida, actuar con calma, poner los cuidados en el centro, de un modo que Jenisjoplin no tuvo permitido en la época histórica en la que vivió. El hierro, el hormigón, el carbón y los altos hornos tienen que ver con el músculo, la fuerza, el plomo, el conflicto, la masculinidad valiente y heroica. Quizás ahora nos corresponde poner en marcha una edad cultural de la plaza del mercado, los caseríos, los cultivos agroecológicos, los pequeños comercios de barrio y las excursiones al monte: una edad más ligada a la tierra, más liviana, más fresca y no tan masculina.

Thomas Mann decía que casi todo lo grande y bello existe como un «a pesar de»: a pesar del sufrimiento, de la aflicción y los tormentos. Que todo lo bello se ha sobrepuesto a la miseria, a la destrucción, al olvido, a la explotación y, podríamos añadir, a la brutalidad. A pesar de todos estos males, muchas cosas bellas y fructíferas se han abierto camino, se han hecho un hueco en el remolino de la historia. ¿Por qué no van a poder venir sociedades y economías más sostenibles, en armonía con criterios ecológicos, en las que se distribuya la riqueza y se reduzca el sufrimiento, a pesar de todo?

Bibliografía

Alberdi, Uxue (2020). *Jenisjoplin.* Consonni. Bilbo.

Albizu Lur y Saez de Egilaz, Eraitz (2022). *Gureak ere badira. Desira, boterea, epika.* Txalaparta. Tafalla.

Ajangiz, Rafael y Barcena, Iñaki (2001). *Euskal Herriko Gizarte mugimenduak.* Deustuko Unibertsitatea. Bilbo.

Atutxa, Ibai (2022). *Barbaroak eta zibilizatuak. Euskal gatazken eskuliburu materialista.* Txalaparta. Tafalla.

Azkarraga, Joseba (2014). «Harrigintza berria. Apunteak hazkunde-osteko euskal-herrigintzaz». *Jakin* 202. Jakin. Donostia. 11-43.

Begiristain, Mirene (2022). «El ecofeminismo permite construir alianzas rebeldes conjuntamente». *Erria* 10. Iratzar Fundazioa. Donostia. 102-110.

Crutzen, Paul Jozef (2002). «Geology of mankind». *Nature* 415. 23.

Davis, Mike (2001). *Late Victorian Holocausts: El Niño Famines and the Making of the Third World.* Verso Books. Londres y Nueva York.

Domènech, Antoni (2019). *El eclipse de la fraternidad. Una revisión republicana de la tradición socialista.* Akal. Madrid.

Engels, Friedrich (1843). *Esbozo de una crítica de la economía política.* Biblioteca Libre Omegalfa. Barcelona, 2018.

Erkizia, Tasio (2021). *Jan eta Jabe. Elikaduraren bidez herria eraikitzen.* Txalaparta. Tafalla.

Gabilondo, Joseba (2013). «Literatur historia postnazionala: Mende-genero-belaunaldi-autore zatiketaren ideologia filologiko hilaren ondoko historiografiaz». *Euskera* 58. Euskaltzaindia. Bilbo. 609-627.

Guattari, Félix (1996). *Las tres ecologías.* Pretextos. Valencia.

Harich, Wolfgang (1975). *Comunismo sin crecimiento. Babeuf y el Club de Roma.* Editorial Materiales. Barcelona.

Keucheyan, Razmig (2019). «Insuring Climate Change: New Risks and the Financialization of Nature». *Development and Change* 49(2). Institute of Social Studies. La Haya. 484-501.

Leonardi, Emanuele y Perrotta, Mimmo (2022). «Dalla coincidenza alla convergenza: lotta operaia e giustizia climatica alla gkn». *Le Parole e le Cose*. Online, 2022-01-11.

López, Isidro y Martínez, Rubén (2021). *La solución verde. Crisis, Green New Deal y relaciones de propiedad capitalista*. La Hidra. Barcelona.

Mumford, Lewis (1967). *El mito de la máquina. Técnica y evolución humana*. Pepitas de calabaza. Logroño, 2010.

Polanyi, Karl (1989). *La Gran Transformación. Crítica del liberalismo económico*. La Piqueta. Madrid.

Sánchez Cedillo, Raúl (2022). *Esta guerra no termina en Ucrania*. Katakrak. Iruñea.

Santiago Muiño, Emilio (2017). *Opción Cero. El reverdecimiento forzoso de la revolución cubana*. La Catarata. Madrid.

Sarrionandia, Joseba (2015). *Lapur banden etika ala politika*. Pamiela. Iruñea.

Valero, Alicia; Valero, Antonio y Calvo, Guiomar (2021). *Thanatia. Límites materiales de la transición energética*. PUZ. Zaragoza.

Vettese, Troy y Pendergrass, Drew (2022). *Half-Earth socialism: A plan to Save the Future from Extintion, Climate Change and Pandemics*. Verso Books. Londres.

Zelik, Raul (2023). *Zombis del capital. Sobre Monstruos políticos y un socialismo verde.* Txalaparta, Tafalla.

Este libro,
OLA DE LODO,
se terminó de diseñar, componer y maquetar en Elo,
utilizándose la familia tipográfica Celeste
creada digitalmente por Chris Burke en 1990,
un 15 de octubre, Día Internacional de las Mujeres Rurales,
en una jornada atrevesada también por los paros
y manifestaciones en solidaridad
con el pueblo palestino.

Aurkeztu dizugun liburuaren eduki, itxura edo inprimaketari buruzko iritzia guri helarazi nahi izanez gero, bidal iezaguzu. Zinez eskertuko dizugu.

La Editorial le quedará muy reconocida si usted le comunica su opinión acerca del libro que le ofrecemos, así como sobre su presentación e impresión. Le agradecemos también cualquier otra sugerencia.

EDITORIAL TXALAPARTA S.L.L.
Calle Mayor 61-63
31001 Iruñea
NAFARROA
Tfno.: 948 70 39 34
info@txalaparta.eus
www.txalaparta.eus